Otto Wunderlich (Hrsg.)

Entfesselte Wissenschaft

Otto Wunderlich (Hrsg.)

Entfesselte Wissenschaft

Beiträge zur Wissenschaftsbetriebslehre

Westdeutscher Verlag

Umschlaggestaltung: Horst Dieter Bürkle, Darmstadt
Umschlagbild: William Hogarth, Die Vorlesung
Karikaturen: Mit freundlicher Genehmigung des Cartoon-Caricature-Contor, München
Satz: ITS Text und Satz GmbH, Herford

ISBN 978-3-531-12531-2   ISBN 978-3-322-92475-9 (eBook)
DOI 10.1007/978-3-322-92475-9

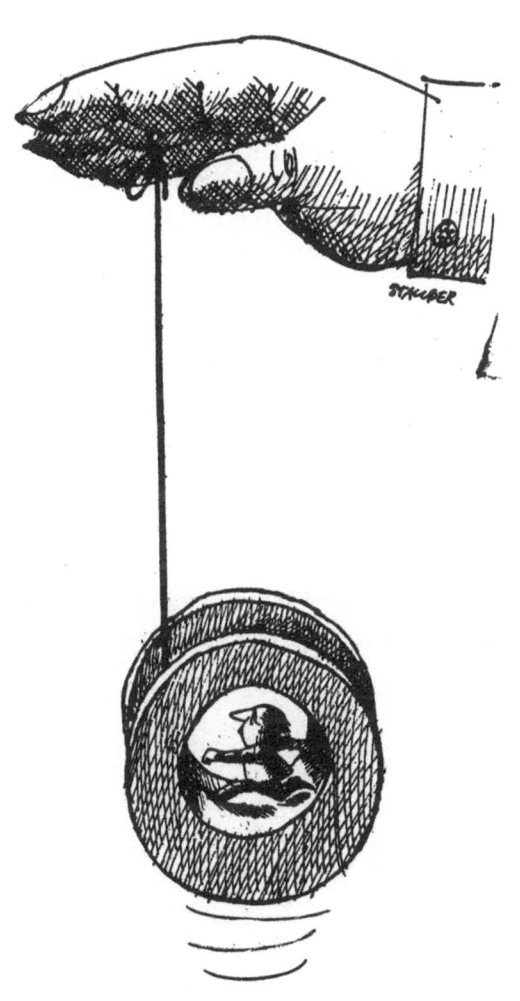

Soziologinnen und Soziologen streben in Ausübung ihres Berufes nach wissenschaftlicher Integrität und Objektivität. Sie sind den bestmöglichen Standards in Forschung, Lehre und sonstiger beruflicher Praxis verpflichtet. Geben sie fachspezifische Urteile ab, so sollen sie ihre Fachkenntnis, ihre Methoden und ihre Erfahrungen eindeutig und angemessen darlegen.

Ethik-Kodex der Deutschen Gesellschaft für Soziologie,
§ I,A (1)

Auf die Frage, ob sie an Gespenster glaube, gab die Marquise du Deffand zur Antwort: „Je n'y crois pas, mais j'en ai peur".

Inhalt

IV. Festreden

V. Interview

VI. Der Wissenschaftsdialog

Vorbemerkung

Entfesselte Wissenschaft – fröhliche Wissenschaft

Zum Verhältnis von Wissenschaftsbetrieb und Wissenschaft

Wissenschaft und Wissenschaftsbetrieb sind untrennbar miteinander verknüpft. Wissenschaft als Prinzip bedarf der Wissenschaft als institutionellem und sozialem Prozeß, des Wissenschaftsbetriebes also, wie dieser sich seinerseits nur aus dem Wissenschaftsprinzip legitimieren läßt.

Aber nicht nur sind Wissenschaft und Wissenschaftsbetrieb jeweils für sich undenkbar, es besteht auch ein enger Wirkungszusammenhang: Was Wissenschaft ist, ist immer zugleich auch Ergebnis dessen, was Wissenschaft tut – und umgekehrt. Dieser dialektische Wechselbezug, der letztlich „Wissenschaft" konstituiert, war zwar seit je schon Gegenstand deutologischer Spekulation, aber erst mit der Etablierung der Wissenschaftsbetriebslehre als akademischer Disziplin[1] wurde er Gegenstand systematischer pseudologischer und banalogischer Untersu-

---

1 Vgl. „Lexikalisches Stichwort" in diesem Band, S. 179.

chungen. Angesichts der Restriktionen und Belastungen und vielfach auch des Kleinmutes und der Halbherzigkeit, die die Entwicklung der Wissenschaft in den letzten Jahrzehnten zunehmend behinderten, erscheint eine solch fundierte Auseinandersetzung mit den Wirkungszusammenhängen und den – durchaus bestehenden – Eigengesetzlichkeiten des Wissenschaftsbetriebs dringend geboten. Nur auf der Grundlage eines geordneten und zugleich von externen Zwängen befreiten Wissenschaftsbetriebes ist ein Fortschritt der Wissenschaft denkbar.

Es ist dieser Aspekt des Zu-sich-Findens, der Befreiung von inneren und äußeren Restriktionen, der sich wie ein roter Faden durch die Beiträge zur Wissenschaftsbetriebslehre zieht, die in diesem Band vorgelegt werden und der auch in dessen Titel Niederschlag fand.

„Entfesselte Wissenschaft" – dieser Titel ruft Assoziationen hervor: Nietzsches „Fröhliche Wissenschaft", der von seinen Fesseln befreite Prometheus, das Wirken der Naturgewalten. Zugleich ist er mehrdeutig: entfesselt – das ist die unbekümmerte, ja die orgiastische Wissenschaft, und ent-fesselt – das ist die von ihren Fesseln befreite, erlöste Wissenschaft.

Es waren gerade diese Assoziationen, wie auch seine Mehrdeutigkeit, die die Wahl des Titels mitbestimmten. Nur auf der Grundlage eines ent-fesselten, von Restriktionen befreiten Wissenschaftsbetriebs kann jene entfesselte, unbekümmerte, fröhliche Wissenschaft gedeihen, wie sie schon Nietzsche vorschwebte: „Fröhliche Wissenschaft: das bedeutet die Saturnalien eines Geistes, der einem furchtbaren langen Druck geduldig widerstanden hat – geduldig, streng, kalt, ohne sich zu unterwerfen, aber ohne Hoffnung – und der jetzt mit einem Male von der Hoffnung angefallen wird, von der Hoffnung auf Gesundheit, von der *Trunkenheit* der Genesung."

Möge dieser Band mit zu dieser Genesung beitragen.

O.W.

14

Geleitwort

Friedrich O. Merckwürden[1]

Vor 202 Jahren starb Grigorij Alexandrowitsch Potemkin (1739-1791), Fürst von Taurus, jener Feldmarschall, Staatsmann und Denker, der mehr als jeder Philosoph, Ökonom oder Naturwissenschaftler den Wissenschaftsbetrieb an unseren Hochschulen, Akademien und Forschungsinstituten geprägt hat.[2] Konsequenter als andere Giganten des Geistes hat er Denken unmittelbar in Realität umgesetzt, hier letztlich nur Walt Disney vergleichbar.

Fürst Potemkin verdanken wir nicht nur die epochale Erkenntnis, daß die Fassade die Realität ist, sondern auch die geniale Umsetzung dieser Einsicht in die Praxis. Nur was gesehen wird, ist real; nur was real ist, ist wirksam. Was vorher Herrscher, Politiker, Wissenschaftler und Architekten nur halbherzig und letztlich blind praktiziert hatten, Potemkin erst hatte den Mut und die Konsequenz zur ausschließlichen, radikalen Konzentration auf das Eigentliche: auf die Fassade.[3]

---

1 Prof. Dr. Friedrich O. Merckwürden ist Direktor der Potemkin-Akademie für Absurdologie (PAFA), Vorstandsvorsitzender der Deutschen Gesellschaft für Absurdologie (DGA), Träger des Aladin-Ringes der Potemkin-Akademie und zahlreicher anderer Ehrungen.

2 U. Dunst, K.O. Waber: Potemkin als Erzieher, Oldenburg 1971.

3 Mourousy, P.: Potemkine, mystique et conquerant, Paris 1988.

Katharina II. wußte, als sie auf jener historischen Inspektionsreise mit Potemkin durch Südrußland fuhr, daß die eindrucksvollen Dörfer, derer sie ansichtig wurde, nur Fassade waren. Und Potemkin wußte, daß Katharina wußte.[4] Und doch kein Wort des Zweifels. Dieses stillschweigende, fast mystische Einverständnis zwischen Potentatin und Potemkin, nicht hinter die Fassaden zu schauen, ist in die Geistesgeschichte als der „Potemkinsche Akkord" eingegangen.[5]

Es ist nicht zuletzt dieser Einklang, der dem Potemkinschen Prinzip seine staatserhaltende Kraft verleiht. Politische, gesellschaftliche Krisen waren und sind immer primär Folge der nachlassenden Wirksamkeit des Potemkinschen Akkords. Ohne ihn ist kein Politikbetrieb denkbar, nicht die reibungslose und unwidersprochene Entwicklung der Bürokratien – und auch nicht das Funktionieren unseres Wissenschaftsbetriebs. Wie wäre ohne den Potemkinschen Einklang dessen astronomische Expansion denkbar? Wo besteht er in so reiner, so harmonischer Form wie in der symbiotischen reziproken Geringschätzung von Forschern und Auftraggebern? Und wie viele wissenschaftliche Leistungen würden ohne den Potemkinschen Einklang der ihnen gebührenden Würdigung entbehren?[6]

Die Wirksamkeit des Potemkinschen Akkords im Forschungsbetrieb haben wir an der Potemkin-Akademie in einem schönen Experiment empirisch nachgewiesen. Wir haben 1991, zum zweihundertsten Todestag Potemkins, eine Reihe führender Deutologen, Pseudologen und Banalogen eingeladen, Referate über das Emanationstheorem von Narziß N. Bleich

---

4 G. Soloveytchik: Potemkin – Soldier, Statesman, Lover and Consort of Catherine of Russia, New York 1947.

5 Vgl. Eufemio Esothero, Lo Accordo Potemkiniese, Turin 1937.

6 Vgl. hierzu: Mortimer Humbug/Anna Humbug: The Potemkin Syndrom, Boston 1984; auch: B. Nachgeboren: Die Erben Potemkins, Tübingen 1987.

auszuarbeiten, eine Theorie, die es nachweisbar nie gab, eines Gelehrten, den es nachweisbar nie gab. Alle angesprochenen Wissenschaftler kamen der Einladung in so überzeugender Weise nach, daß wir dieses Jahr bereits ein internationales Symposium zum Thema „N.N. Bleichs Emanationstheorem und seine Auswirkungen auf die Deutologie" veranstalten werden. 137 Gelehrte von 98 Hochschulen aus 37 Ländern haben ihr Erscheinen angekündigt. Prof. Rüdiger Stargast und Prof. Jost Überall haben zugesagt, die Eröffnungsreferate zu halten.[7]

Die Relevanz von Potemkins Wirken für den Wissenschaftsbetrieb ist offenkundig. Potemkin selbst hat in einem Spätwerk das gesprochene oder geschriebene „Wissenschaftswort", wie er es nannte, – also die wissenschaftliche Aussage – als das ideale Medium zur Anwendung seines Prinzips bezeichnet.[8] Diese Erkenntnis des gereiften Potemkin wurde zwei Generationen später von Gottlieb Theodor Pilz auf die genial-prägnante Formel gebracht: „Mehr Worte, weniger Taten", wobei heute nicht mehr mit Sicherheit festzustellen ist, wieweit Pilz mit dem Werk Potemkins im einzelnen vertraut war.[9]

Angesichts dieser existentiellen Relevanz, die die Anwendung des Potemkin-Prinzips für den Wissenschaftsbetrieb an unseren Hochschulen und Forschungsinstitutionen hat, erscheint es unverständlich und schlichtweg beschämend, wie sehr diese Stätten der Geistigkeit ihre Dankesschuld gegenüber dem Genius Potemkin vernachlässigt – um nicht zu sagen verleugnet – haben. Es gibt unter all den Ludwig-Maximilians-, Georg-August-, Friedrich-Oskar-, Carl-Albrecht-Universitäten

---

7 Wir werden im Band 2 der Schriftenreihe der Potemkin-Akademie für Absurdologie über dieses Symposium berichten.

8 G.A. Potemkin: Gesammelte Schriften 1744-1793 St. Petersburg 1883-1895.

9 Vgl. hierzu Wolfgang Hildesheimers einfühlsame, sensible Lebensbeschreibung von Gottfried Theodor Pilz: W. Hildesheimer: Lieblose Legenden, Frankfurt/M. 1962, S. 21-34.

keine Alma Mater, die sich nach ihm benannt hätte, keinen Lehrstuhl, der seinen Namen trägt, ja nicht einmal eine Vorlesung oder ein Proseminar, die ihm und seiner Lehre gewidmet wären – eine angesichts der Flut von Veranstaltungen, die ohne die Tragfähigkeit des Potemkin-Prinzips nie denkbar wären, wahrlich ungeheuerliche und im Wissenschaftsbetrieb wohl einmalige Verdrängung.

Daß die Akademie der Deutschen Gesellschaft für Absurdologie den Namen Potemkins trägt, ist eine seit langem überfällige Korrektur dieses historischen Versäumnisses. Dabei ist uns der Name Verpflichtung und Programm. Die Akademie wendet sich vor allem an den jungen Wissenschaftler, um ihm die Voraussetzungen zu seiner raschen Profilierung im Wissenschaftsbetrieb zu vermitteln.

Im Angebot unserer Veranstaltungen haben wir uns um ein breites Themenspektrum bemüht: Es reicht von handwerklichen („Wie baue ich einen Türken", „Thesenschmieden") zu intellektuell anspruchsvollen („Verdrängen") Lehrveranstaltungen, von modischen („Des Kaisers neue Kleider") zu sportlichen („Hahnenkämpfe") Wettbewerben, vom touristischen (Egotrips – steuerlich absetzbar!) bis zum gesellschaftlichen Ereignis („Traumtanzen"). Auch über das spielerische Element wollen wir auf die Anforderungen einer akademischen Karriere vorbereiten („Reise nach Jerusalem").

Der hier vorgelegte erste Band der Schriftenreihe der Potemkin-Akademie für Absurdologie (PAFA) ist primär unserem wissenschaftlichem Nachwuchs gewidmet. Für ihn vor allem haben wir Dokumente und Beiträge zusammengestellt, die uns besonders geeignet erschienen, ein tieferes Verständnis für das Wesen des Wissenschaftsbetriebs zu wecken. Hoffnung setzen wir auch darauf, daß diese Schrift Eingang in den Lehrbetrieb an den Hochschulen finden möge.

Eigentlich sollte dieser Band zum zweihundertsten Todestag unseres Namenspatrons erscheinen. Leider unterlief uns

18

bei der Bestimmung der Vorbereitungszeit ein Berechnungs-
fehler; zwar wurde die Formel, nach der der notwendige
Zeitraum mit der Zahl der Beiträger exponential steigt, ord-
nungsgemäß angewandt, jedoch haben wir aus aktuellem Anlaß noch zwei zusätzliche Beiträge aufgenommen. Dies führte
bedauerlicherweise zu den entsprechenden Verzögerungen.

Attenhausen, im April 1993

I. Veranstaltungsbericht

Deutsamkeit oder Jedermanns-Wissenschaft – Ein Dilemma des Wissenschaftsbetriebs?

Symposium am Institut für Wissenschaftsbetriebslehre an der Universität zu Köln

Siegfried Blauaug[1]

Unter dem Thema „Deutsamkeit oder Jedermannswissenschaft – eine Standortbestimmung des Wissenschaftsbetriebs" hatte das Institut für Wissenschaftsbetriebslehre (IfW) an der Universität zu Köln zu einem Symposium in seinen Räumlichkeiten geladen. Mit dem Deutologen Prof. Dr. Norbert Päpstlein, Tübingen, dem Pseudologen Prof. Dr. Egon Unseglich, Köln, dem Banalogen Prof. Dr. h.c. mult., Dr. rer.pol. Erich Zaster, Düsseldorf, und dem Absurdologen Otto Wunderlich, Attenhausen, waren jene Fachrichtungen vertreten, die dem

---

1 Dr. Siegfried Blauaug ist Assistent am Institut für Wissenschaftsbetriebslehre (IfW) Köln.

Wissenschaftsbetrieb in den letzten Jahren besondere Impulse verliehen haben. Prof. Dr. Jost Überall, Köln, war durch zwei andere Verpflichtungen verhindert, seiner Zusage Folge zu leisten.

Prof. Dr. Klaus-Michael Liebervater, München, in dem das Symposium einen behutsamen, stets auf Ausgleich bedachten Moderator fand, bat den Kreis der geladenen Wissenschaftler zunächst einmal, kurz das je spezifisch Wissenschaftliche ihrer Disziplin zu umreißen.

Für die Deutologie sah dies Prof. Dr. Päpstlein in der Deutung des Bedeutenden gegeben. Die Deutologie leiste damit einen Veredelungsprozeß, durch den die Wissenschaft die Realität und somit auch sich selbst überhöhe.

Prof. Dr. Unseglich definierte den Auftrag der Pseudologie als den Nachweis des Offenkundigen. Mit der Formel „vom Einfachen über das Komplizierte zum Banalen" sei der Wissenschaftsprozeß der Pseudologie präzise gefaßt, der ähnlich jenem der Deutologie eine Transformation beinhalte. Prof. Dr. Unseglich verglich den Pseudologen mit dem mittelalterlichen Alchimisten, der aus Blei Gold schlage. (Die Frage Prof. Dr. Liebervaters, ob der Prozeß nicht zugleich auch in umgekehrter Richtung verlaufen könne, wurde von ihm leider nicht aufgegriffen.)

Leistung der Banalogie sei es, so meinte Prof. Dr. h.c. mult., Dr. rer.pol. Zaster, das Selbstverständliche verständlich zu machen: sie schlage damit die Brücke zur Praxis.[2]

Statt einer begrifflichen Bestimmung der Absurdologie las O. Wunderlich das Märchen „Aladins Wunderlampe" aus 1001 Nacht vor, um sich dann – gelegentliche Zwischenrufe ausgenommen – nicht mehr an der Diskussion zu beteiligen. Nicht beantwortet blieb so die Frage Prof. Unseglichs, aus welcher Ausgabe er denn zitiert habe, wie auch gelegentliche

---

2 Siehe auch das Gespräch mit Prof. Zaster in diesem Band, S. 187.

freundliche Versuche Prof. Liebervaters, ihn in das Rundgespräch einzubeziehen.

Die Frage Prof. Dr. Liebervaters, worin denn nun der Beitrag der einzelnen Disziplinen zum Wissenschaftsbetrieb bestünde, sah Prof. Dr. Päpstlein für die Deutologie mit dem Begriff der „Deutsamkeit" beantwortet, durch die Deuter und Gedeutetes gleichermaßen be-deutend würden. Deutsamkeit – immer zugleich Prozeß und Resultat – bezeichne so die Essenz des deutologischen Wissenschaftsbetriebs.

Dem stellte Prof. Dr. Unseglich die Pseudologie als eine Jedermannswissenschaft gegenüber, in der Lernprozesse des Forschers und Wissenschaftsbefund untrennbar zu einem Ganzen verschmelzen. Erwartungsgemäß meldete Prof. Dr. Päpstlein Bedenken gegen ein solches Wissenschaftsverständnis an. Gerate damit nicht der Wissenschaftsbetrieb in Gefahr, das Besondere, nämlich seine Exklusivität zu verlieren?

Dieser Sorge mochte Prof. Dr. Unseglich sich nicht anschließen. Durch das begriffliche und methodologische Instrumentarium der Pseudologie seien die notwendigen Verfremdungseffekte sichergestellt. Dieses sei zwar – Paradoxie der Pseudologie – von jedem zu handhaben, aber nicht jedem zugänglich. Dies entspreche dem Ideal des Wissenschaftsbetriebs.

Prof. Dr. h.c. mult., Dr. rer.pol. Zaster machte hier die Belange der Praxis geltend. Er könne natürlich nicht einer Wissenschaft für Jedermann – einer Lieschen-Müller-Wissenschaft sozusagen – das Wort reden. Auch die Praxis melde jedoch Anspruch auf Deutsamkeit an. Dem Wissenschaftsbetrieb falle hier eine wichtige Aufgabe zu, der sich die Banalogie ganz besonders verschrieben habe. Das Selbstverständliche besitze ja unter Akzeptanzgesichtspunkten unwiderlegbare Vorzüge – hier sähe er durchaus Berührungspunkte zur Pseudologie. Aus der Sicht der Wissenschaft sei jedoch die uninterpretierte, sozusagen wildwüchsige Selbstverständlichkeit wertlos: Einem Rohdiamanten vergleichbar, der erst nach dem Schliff seine Leuchtkraft entfalte, bedürfe sie der Aufwertung durch die wissenschaftliche Formulierung.

Prof. Liebervater, in seinem Bestreben, nicht das Trennende, sondern das Gemeinsame zu erarbeiten, ließ die Frage anklingen, ob dies nicht in der Abstraktheit zu suchen sei, die ja der deutologischen wie der banalogischen Aussage gleichermaßen zu eigen sei und sie vom Nicht-Wissenschaftlichen abhebe. Mochten Prof. Päpstlein und Prof. Unseglich dies auch bejahen, so betonte Prof. Dr. h.c. mult., Dr. rer.pol. Zaster hier noch einmal die Belange der Praxis, die eine ein-leuchtende, die selbst-verständliche Aussage erwarte.

„Deutsamkeit für jedermann, aber nicht von jedermann", darin sah Prof. Liebervater in seinen abschließenden Worten die Lösung des Dilemmas – oder besser Trilemmas – des Wissenschaftsbetriebs. Ob in dieser Form sich nicht doch Spannungsmomente verbergen, dies auszuloten fehlte leider die Zeit. So endete das Gespräch doch mit einem kleinen Fragezeichen.[3]

---

3 Eine Veröffentlichung des Protokolls des Symposiums ist in der Schriftenreihe des Instituts für Wissensschaftsbetriebslehre (IfW, Köln) vorgesehen.

II. Beiträge zur Wissenschaftsbetriebslehre

Kontrastive Selbstdarstellung

Kompetitive Profilierung im Wissenschaftsbetrieb

Max Umtrieb, Rüdiger Wieselhuber, Fritz Flinck[1]

Wie profiliert man sich im Wissenschaftsbetrieb? – diese Frage ist für den angehenden wie für den etablierten Wissenschaftler von existentieller Bedeutung. Sie tangiert den Verlauf seiner Karriere, ja letztlich seine ganze Persönlichkeit: ohne Profilierung keine akademische Laufbahn und damit keine akademische Identität. Mit der phänomenalen Expansion des Wissenschaftsbetriebes und der exponentiellen Zunahme der Zahl der in Lehre und Forschung Tätigen wurde es zunehmend

---

1 Prof. Dr. Max Umtrieb ist Direktor des Wissenschaftsbetriebszentrums (WBZ), Hameln, Vorsitzender des Vorstandes der Deutschen Gesellschaft für Wissenschaftsbetriebslehre sowie Mitglied des Vorstandes der Deutschen Gesellschaft für Pseudologie. Dr. Rüdiger Wieselhuber und Dr. Fritz Flinck sind wissenschaftliche Mitarbeiter am Wissenschaftsbetriebszentrum.

wichtig, zugleich freilich auch schwieriger, auf diese Frage eine befriedigende Antwort zu finden.

Die traditionellen, erprobten Schritte zur akademischen Profilierung – regelmäßiger Besuch der relevanten Veranstaltungen, Akkumulierung einer Veröffentlichungsliste, Eigenzitate, Aufnahme in ein Zitierkartell – zeigen nicht mehr die gewohnten Resultate. Dies hat zu einer tiefen Verunsicherung der im Wissenschaftsbetrieb Tätigen geführt, zu Identitätskrisen[2] ebenso wie zu einer – nicht selten hektischen – Suche nach Lösungen.

Die beeindruckende Zunahme des Publikationsausstoßes und der atemberaubende Aufschwung des Konferenzbetriebes[3] sind ebenso als Symptome dieser Notlage zu verstehen wie etwa auch der Versuch, doch recht schwer zugänglichen Texten durch muntere Titel die erforderliche Attraktivität zu verleihen. All dies sind Symptome eines eher hilflosen Aktionismus, der die Probleme verschärft, statt sie zu lösen. Nicht nur erhöhte Quantität, sondern auch eine neue Qualität des wissenschaftlichen Schaffens ist gefordert.

Schmerzhaft war lange Zeit das Fehlen eines theoretischen Rahmens spürbar, der der Suche nach neuen Grundlagen akademischer Identität einen festen Halt vermittelt hätte. Eine solche theoretische Fundierung bietet nun das Konzept der „kontrastiven Selbstdarstellung" als das zentrale Regulativ des Wissenschaftsbetriebes, das im Laufe der letzten Jahre im Wissenschaftsbetriebszentrum (WBZ), Hameln, erarbeitet wurde.[4] Befruchtet wurden die Hamelner Forscher wesentlich

---

2 Vgl. H. Schwafel: Profil und Neurose – akademische Identität in der Krise, Heidelberg 1989.
3 Vgl. Gschaftler in diesem Band, S. 79.
4 M. Umtrieb, R. Wieselhuber, F. Flinck: Kontrastive Selbstdarstellung im Wissenschaftsbetrieb, Band XVI der Schriftenreihe des Wissenschaftsbetriebszentrums, Hameln 1988.

durch Arbeiten an der Harvard Business School, insbesondere von Prof. E.M. Porteous und seinem Modell der „Competitive Dissimulation",[5] mit dem er Ansätze des Marketing auf die individuelle Karrieregestaltung übertrug. Erfolg hängt, nach Porteous, von der Schaffung einer „Competitive Identity" ab, die er mit dem Warenzeichen eines Markenartikels vergleicht, durch die eine „Competitive Edge" – Wettbewerbsvorteile also – um Aufstiegspositionen in Großunternehmen geschaffen werden.

Mit der Übertragung des Modellansatzes von Porteous auf den Wissenschaftsbetrieb gelang der Hamelner Forschungsgruppe jene theoretische Grundlegung, die bislang dem Wissenschaftsbetrieb gefehlt hatte. Sie schufen damit die Voraussetzung für eine tiefgreifende Neuordnung des Wissenschaftsbetriebes. Um sich im Wissenschaftsbetrieb erfolgreich behaupten zu können, bedürfe es einer Profilierung, durch die sich der einzelne Wissenschaftler unverkennbar „über-scheide", d.h. sich als „besonderes" Mitglied der akademischen Gemeinde ausweise. Diese Profilierung erfordere eine „kontrastive Selbstdarstellung", durch die sich der Wissenschaftler vom Feld seiner Mitbewerber absetze.[6]

Im theoretischen Bezugsrahmen der „kontrastiven Selbstdarstellung" erschloß sich ein neues Verständnis der Zusammenhänge und Wirkungsmechanismen des Wissenschaftsbetriebes. Ansätze der Wissenschaftsbetriebslehre, die bislang weitgehend für sich gestanden waren, erhielten einen übergeordneten theoretischen Bezug, z.B. Arbeiten zur Zitierbe-

---

5 E.M. Porteous: Competitive Dissimulation in Organisations, Cambridge 1988. Deutsche Übersetzung: Kompetitive Verortung – der Weg zum Erfolg, Düsseldorf 1989.
6 Umtrieb e.a., a.a.O., S. 973. Auch: Stephen Potter: One-Upmanship, London 1956.

triebslehre,[7] der Sitzungsbetriebslehre[8] oder der Kongreßbetriebswirtschaft.[9]

Dies gilt nicht zuletzt für das wichtigste Instrument kontrastiver Selbstdarstellung: die „programmatische Formulierung". Diese hatte zwar in der Praxis des Wissenschaftsbetriebes in den letzten Jahren unverkennbar an Bedeutung gewonnen, allerdings eher im primär pragmatischen Gebrauch, d.h. weitgehend in Reaktion auf sich verschärfende Konkurrenzbedingungen im Wissenschaftsbetrieb.[10]

Im Bezugssystem der kontrastiven Selbstdarstellung konnte nun die strategische Bedeutung dieses Instruments akademischer Identitätserzeugung theoretisch fundiert und damit vor allem legitimiert werden. Ihre besondere Wirksamkeit im akademischen Konkurrenzbetrieb erhält die programmatische Formel dadurch, daß sie auf zwei Ebenen effektiv ist. Sie profiliert den Autor und erfüllt somit Porteous' Postulat der „Competitive Identity". Sie steckt zugleich die Claims in der Auseinandersetzung um wissenschaftliche Reviere ab. Einem Warenzeichen oder Gebrauchsmuster vergleichbar schafft die programmatische Formulierung also wissenschaftliche Identität und sichert zugleich gegen konkurrierende Ansprüche ab. Mehr noch: Wie der BAT (Bundesangestelltentarif) trägt die programmatische Formulierung zu einer eindeutigen (Bundesangestelltentarif-)Verortung im akademischen Statusgefüge bei.

Besonderes Gewicht kommt dabei wegen ihrer kategorial größeren Breitenwirksamkeit naturgemäß den titelfähigen Formulierungen zu.[11]

---

7 Vgl. Ableiter in diesem Band, S. 131.
8 Vgl. Salbaderer in diesem Band, S. 39.
9 Vgl. Gschaftler in diesem Band, S. 79.
10 Vgl. auch Italo Suada: Le belle parole – la sinfonia dell'università, Padua 1963.
11 P. Upgeblasen: Von der These zum Titel, Leyden/Köln 1985.

In dem stark vom Calvinismus geprägten Wissenschafts-betrieb des angelsächsischen und Schweizer Kulturraumes werden – neben der programmatischen Formulierung – gerne auch Gesetze (z.B. Parkinson's Law) oder Prinzipien (z.B. das Peter Principle) zur kontrastiven Selbstdarstellung eingesetzt.

Inzwischen liegt auch eine erste Analyse des Gebrauchs programmatischer Formulierungen vor.[12] Typischerweise wird die programmatische Formel durch die einprägsame Kombination zweier programmatischer Begriffe konstituiert, überwiegend eines programmatischen Adjektivs mit einem programmatischen Substantiv, seltener zweier programmatischer Substantive oder eines programmatischen Surrogats. Hier eine Übersicht wichtiger, in den letzten Jahren formulierter programmatischer Formulierungen:[13]

Die postindustrielle Gesellschaft
Die postinformierte Gesellschaft
Die postkommunikative Gesellschaft
Die autokommunikative Gesellschaft
Die sachliche Gesellschaft
Die hedonistische Gesellschaft
Die integrierte Gesellschaft
Die polarisierte Gesellschaft

Die desolate Generation
Die verdrossene Generation
Die unbeschwerte Generation
Die skeptische Generation
Die integrierte Generation
Die polarisierte Generation
Die sachliche Generation

---

12 S. Flinck, R. Wieselhuber, M. Umtrieb: Thesen, Titel, Territorien, Hameln 1992.
13 Flinck e.a., a.a.O., S. 511.

Die hedonistische Generation
Die nächste Generation
Die übernächste Generation
Die autokommunikative Generation

Das traditionelle Arbeiterbewußtsein
Das polarisierte Arbeiterbewußtsein
Das desolate Arbeiterbewußtsein
Das sachliche Arbeiterbewußtsein
Das angepaßte Arbeiterbewußtsein
Das integrierte Arbeiterbewußtsein

Die neue Sachlichkeit
Die neue Befindlichkeit
Die neue Polarisierung
Die neue Integration
Der neue Hedonismus
Die neue Durchsichtigkeit

Ende der Arbeitszeit
Ende der Polarisierung
Ende der Sachlichkeit
Ende der Integration
Ende des Hedonismus
Ende der Durchsichtigkeit

Die Bonusgesellschaft
Die Malusgesellschaft
Die Krisengesellschaft
Die Sicherheitsgesellschaft
Die Wohlfahrtsgesellschaft
Die Armutsgesellschaft

Krise der Integrität
Krise der Pluralität
Krise des Arbeiterbewußtseins

Krise der Postkommunikation
Krise des Hedonismus
Krise des Wissenschaftsbetriebes

Eine experimentelle und damit empirisch fundierte Überprüfung der „kompetitiven Potenz" programmatischer Formulierungen gelang Scheinheil und Wind.[14] In einem ersten Schritt erarbeiteten sie eine Typologie von Buchtiteln mit fünf Kategorien:

- programmatische Titel („Der neue Hedonismus")
- exklamatorische Titel („Helden, Heiden, Hedonismus")
- enumerative Titel („Jugendliche und Freizeit")
- symbolische Titel („Hedons Kinder")
- faktische Titel („Die Freizeitaktivitäten katholischer Berufs-
  schüler in mittelgroßen Gemeinden mit 10.000 bis 20.000
  Einwohnern in Südniedersachsen 1985-1989")

Ein Vergleich der Verkaufsziffern von diesen fünf Kategorien zugeordneten Publikationen erbrachte signifikante Unterschiede. Die Absatzziffern faktischer Titel lagen deutlich unter, jene der programmatischen Titel deutlich über dem Durchschnitt, wobei dies allerdings ganz wesentlich auch auf den untypisch hohen Absatz zweier in die Stichprobe einbezogener Bestseller und dreier Werke mit Mengenabnahmen durch öffentliche Institutionen zurückzuführen war.

Die Befunde der Untersuchung von Scheinheil und Wind stießen in akademischen Kreisen auf reges Interesse; sie wurden engagiert diskutiert und zeitigten erstaunlich rasch Rückwirkungen im Wissenschaftsbetrieb. Der Gebrauch programmatischer Titel nahm empfindlich zu – mit teilweise problematischen Folgen. Nicht nur, daß der programmatische An-

---

14 Vgl. L. Scheinheil, A. Wind: Titelkämpfe – die kompetitive Kompetenz
   programmatischer Titel, Stuttgart 1992.

spruch mancher Titel durch den Inhalt der Publikationen nur unzulänglich ausgefüllt wurde, er gab auch zu Irritationen Anlaß.[15] Vor allem erwies sich die erforderliche Anerkennung und Abgrenzung programmatischer Formulierungen als zunehmend kontrovers. Immer häufiger belasteten ärgerliche Streitigkeiten um den Besitz programmatischer Formeln, Plagiatsvorwürfe etc. eine geordnete Abwicklung des Wissenschaftsbetriebes.[16]

Schwierigkeiten bereitete auch die Einordnung von Wissenschaftlern, die auf mehr als eine programmatische Formel Anspruch erhoben. Selbstverständlich ging es hier nicht um das Schaffen J.B. Deutends, der ja wie kein anderer eine epochale Fruchtbarkeit in der Formulierung programmatischer Formulierungen bewiesen hat – für ihn ist diese gleichsam zur Competitive Identity geworden.

Der Aufbau eines „Zentralen Begriffsregisters" (ZBR), der gegenwärtig im WBZ Hameln in Kooperation mit dem Europäischen Patentamt betrieben wird, soll hier Abhilfe schaffen. Welche Vorteile sich aus einer systematischen, zentralen Bewirtschaftung programmatischer Formeln für den Wissenschaftsbetrieb ergeben würden, liegt auf der Hand und muß hier nicht im einzelnen ausgeführt werden. Es steht zu hoffen, daß mit dem „Zentralen Begriffsregister" die Voraussetzungen geschaffen werden, die – zusammen mit der flächendeckenden Anwendung des Zitierindexes[17] – eine eindeutige und objektivierte und damit wissenschaftliche Einordnung aller im Wissenschaftsbetrieb Tätigen gewährleisten.

---

15 Vgl. etwa E. Stichler: Lehrtitel oder Leertitel, Augsburg 1988.
16 Wir erinnern hier nur an den erbitterten Titelkampf um den Besitz der „Neuen Befindlichkeit" zwischen Prof. Dr. Päbstlein und Prof. Dr. Unseglich, der nicht nur das Verhältnis zwischen den beiden Gelehrten, sondern auch zwischen ihren Anhängern über Jahre hinaus belastete.
17 Vgl. Ableiter in diesem Band, S. 131.

Wunderlichs Sisyphus

Zum gegenwärtigen Stand der Sitzungsbetriebslehre

Theodor O. Salbaderer[18]

Der Mikrochip, so heißt es, habe die vierte industrielle Revolution ausgelöst. Diese Zuordnung ist falsch, nicht nur, weil sie der immer wieder geäußerten Meinung führender Industriepseudologen widerspricht, der technische Wandel sei exogen.[19] Sie läßt auch ein Phänomen unberücksichtigt, das die Arbeitswelt nachhaltiger verändert hat, als es der Mikrochip, ein seelenloses Stück Materie also, je tun wird: die Entwicklung des Sitzungsbetriebes.

Nicht die Mikroelektronik und auch nicht die Atomenergie sind das Kernstück der vierten industriellen Revolution, sondern der unglaubliche Siegeszug des Sitzungsbetriebes. Er

---

18 Prof. Dr. Theodor O. Salbaderer ist Abteilungsleiter im Wissenschaftsbetriebszentrum (WBZ) Hameln.
19 Vgl. u.a. B. Primus: Exogenität und Endogenität – zur Genese der Technizität, in: „Pseudologica" 12/1979, S. 21-49.

hat nicht nur – wie diese technologischen Neuentwicklungen – die Arbeit verändert, er schuf einen neuen Typ von Arbeit, oder zutreffender: von Betätigung, denn mit dem Begriff „Arbeit" ist das Geschehen in Sitzungen kaum zu fassen.

Prof. Dr. Johann B. Deutend hat schon 1961 in einem Essay[20] – wie immer richtungsweisend – darauf hingewiesen, daß die moderne postkommunikative Gesellschaft eine Neudefinition der Begrifflichkeit und damit des Verständnisses von Arbeit und Freizeit erfordere. In Fortführung dieser Überlegungen hat Prof. Dr. Uwe Senfgebling im Sitzungsbetrieb die Synthese der Produktions- und der Konsumsphäre gesehen.[21] In ihm vollziehe sich die Vereinigung von Arbeit und Freizeit auf einer höheren Ebene – der einer scheinbar zweckfreien Betätigung, die letztlich der Selbstbestätigung und damit der Selbstverwirklichung der Teilnehmer diene.[22]

In der Sitzung also, in ihren vielfältigen Spielarten der Besprechung, des Meetings, des Workshops, der Konferenz, findet die postkommunikative Informationsgesellschaft ihren angemessenen und prägnantesten Ausdruck. Dabei handelt es sich – und dies gibt zu Optimismus Anlaß – um eine im eigentlichen Sinne humane Entwicklung. In der Anonymität moderner Großorganisationen bietet allein der Sitzungsbetrieb noch Gelegenheit zur kontrastiven Selbstdarstellung, als eine Bühne nicht nur der Menschlichkeit, sondern auch der Zwischenmenschlichkeit. Was bislang Privileg einer kleinen Elite von Politikern, Managern und Professoren war, ist nun Allgemeingut geworden: die Befreiung von den Sachzwängen des Arbeitsprozesses. Die von Psychologen, Pseudologen und Deutologen gleichermaßen und gern immer wieder formulierte

---

20 J.B. Deutend: Einige Anmerkungen zum Verhältnis von Arbeit und Freizeit, Frankfurt 1961.
21 U. Selfgebling: Sitzung als Lebensform, Kassel 1981.
22 Vgl. Senfgebling, a.a.O., S. 733.

Forderung, der Mensch habe im Mittelpunkt zu stehen, ist hier kompromißlos verwirklicht.

Gerade der scheinbar kontraproduktive Effekt des Sitzungsbetriebs konstituiert zugleich auch dessen unschätzbaren arbeitsmarktpolitischen Wert. Wie das Institut für Auftragsprognostik (IAP) in Nürnberg ermittelte, wurden durch die Ausbreitung des Sitzungsbetriebes seit 1984 3.835.377 Arbeitsplätze geschaffen bzw. erhalten. Nach Berechnungen der Nürnberger Experten stellt sie sich damit als die am breitenwirksamste Arbeitsbeschaffungsmaßnahme seit Aufstellung der Bundeswehr dar (wobei die eminenten gastronomischen und verkehrsökonomischen Folgewirkungen noch gänzlich unerforscht sind).

Eine Erhebung der Bundesakademie für den Behördenbetrieb (BBB), Bad Godesberg, in 167 Dienststellen ergab, daß Beamte des höheren Dienstes 73,48 % ihrer tätigen Dienstzeit (d.h. 48,37 % ihrer nominellen Dienstzeit) sich in Sitzungen bzw. auf dem Weg zu Sitzungen befinden oder mit der Vorbereitung bzw. Nachbereitung von Sitzungen beschäftigt sind (Protokolle!).[23] Dies ist ein beruhigend hoher Wert, wenn man bedenkt, daß die ja allgemein als unproduktiv geltende Schreibtischarbeit demgegenüber nur 13,98 % ausmacht.

Differenzierte Daten liefert auch eine Untersuchung in 96 Großunternehmen, die eine klare Entsprechung von hierarchischer Position und Sitzungsintensität aufzeigt.[24] Unter 27 ausgewählten Einzelfaktoren stellt die Teilnahme an Sitzungen den weitaus wichtigsten Karrierefaktor dar.

Aus dem Hochschulbetrieb lagen bislang überraschenderweise noch keine quantifizierten Befunde vor; lediglich eine primär epiphänomenologisch orientierte Habilitationsschrift an

23 Bundesakademie für Behördenbetrieb (BBB): Sitzungsfrequenz in Bundesbehörden, Mitteilungen 1/1979.
24 Institut für angepaßte Sozialforschung (IFAS): Sitzung und Karriere, Bonn 1978.

der Universität Freiburg setzt sich mit dem Wissen und der Funktion des akademischen Sitzungsbetriebs auseinander.[25] Für den im Hochschulbereich tätigen Gelehrten, so stellt der Autor fest, sei nicht mehr der Vorlesungssaal oder die Studierstube, sondern der Sitzungsraum der zentrale Ort seiner beruflichen Tätigkeit. Neben Forschung und Lehre sei als dritte tragende Säule des Hochschulbetriebs die Sitzung getreten, die nicht zuletzt zu einer differenzierten Verortung im Wissenschaftsbetrieb beitrage.

Angesichts der eminenten Signifikanz, die dem Sitzungsbetrieb für den Hochschulbetrieb – wie ganz allgemein für den Betrieb in öffentlichen und privatwirtschaftlichen Institutionen – zukommt, ist der Gehalt vorliegender wissenschaftlicher Arbeiten zu diesem Thema insgesamt eher enttäuschend. Vor allem fehlte bislang eine fundierte theoretische Grundlegung des Themas.

Der Versuch einer solchen grundlegenden Standortbestimmung liegt nun mit einer Arbeit des Absurdologen Otto Wunderlich vor. Mag auch der eher anspruchsvolle Titel „Wunderlichs Theorem"[26] den wissenschaftlichen Leser skeptisch stimmen, so besticht das Werk doch durch die Konsequenz seiner Beweisführung. Wunderlichs Erklärungsansatz – und hierin liegt seine Besonderheit – ist ein potentiologischer. Er erklärt die Dynamik des Sitzungsbetriebs in einzelnen Institutionen aus der in diesen angesammelten „Sitzungspotenz". „Die Intensität des Sitzungsbetriebs einer Institution entspricht der kumulierten Sitzungspotenz möglicher Sitzungspartizipanden".[27] Mit anderen Worten: Die Zahl der Sitzungen entspricht dem Bedürfnis möglicher Teilnehmer nach Sitzungen. Dieses Bedürfnis, die Sitzungspotenz also, sieht Wunderlich als Re-

---

25 L. Nebensacher: Die Konferenz als Ritual, Freiburg 1979.
26 O. Wunderlich: Wunderlichs Theorem, Attenhausen 1985.
27 Wunderlich, a.a.O., S. 119.

sultat einer „Aufladung", die ihre Energie aus der Einschränkung individueller Handlungsmöglichkeiten und Selbstdarstellung in bürokratisierten Strukturen speise.

Der Sitzungsbetrieb kann also – nach Wunderlich – verstanden werden als eine sozialdynamische Antwort auf die Ausprägung bürokratisierter Strukturen – und damit zugleich als Teil von deren Perfektionierung.

Mit diesem potentiologischen Konzept der „Aufladung" liefert Wunderlich nicht nur eine überzeugende Erklärung der kaum faßlichen Dynamik des Sitzungsbetriebs. Es gelingt ihm auch, den Ablauf einzelner Sitzungen analytisch in den Griff zu bekommen. „Die Selbstdarstellung eines Sitzungsteilnehmers, die Entladung seiner Sitzungspotenz also, führt zu einer zusätzlichen Aufladung bei den anderen Sitzungsteilnehmern und damit zur Notwendigkeit weiterer Interventionen."[28] So kommt es zu „Wunderlichs Kette" (vgl. Schaubild).

Wunderlichs Kette liefert uns endlich einen Erklärungsansatz für die bislang schwer verständliche Eigendynamik von Sitzungen: Entladung und Aufladung bedingen einander, sie führen zu einer potentiologischen Kettenreaktion – einem sitzungsbetrieblichen Perpetuum Mobile sozusagen.

Wunderlichs Kette bleibt allerdings noch eine Erklärung schuldig: Sie läßt offen, warum Sitzungen je enden. Dieses offenkundige Defizit hat der Autor durch ein weiteres Theorem auszugleichen versucht, nämlich „Wunderlichs Gleichung". Er führt dazu in seinem konzeptionellen Rahmen die Richtung der Aufladung ein: Neben die positive Aufladung (Selbstdarstellungsbedarf) stellt er die negative Aufladung (Langeweile, Ungeduld, Müdigkeit, anderer Termin). „Eine Sitzung endet dann, wenn die kumulierte negative Potenz die positive Potenz übertrifft".[29] Mit anderen Worten: Eine Sitzung endet, wenn

---

28 Wunderlich, a.a.O., S. 233.
29 Wunderlich, a.a.O., S. 733.

Wunderlichs Kette

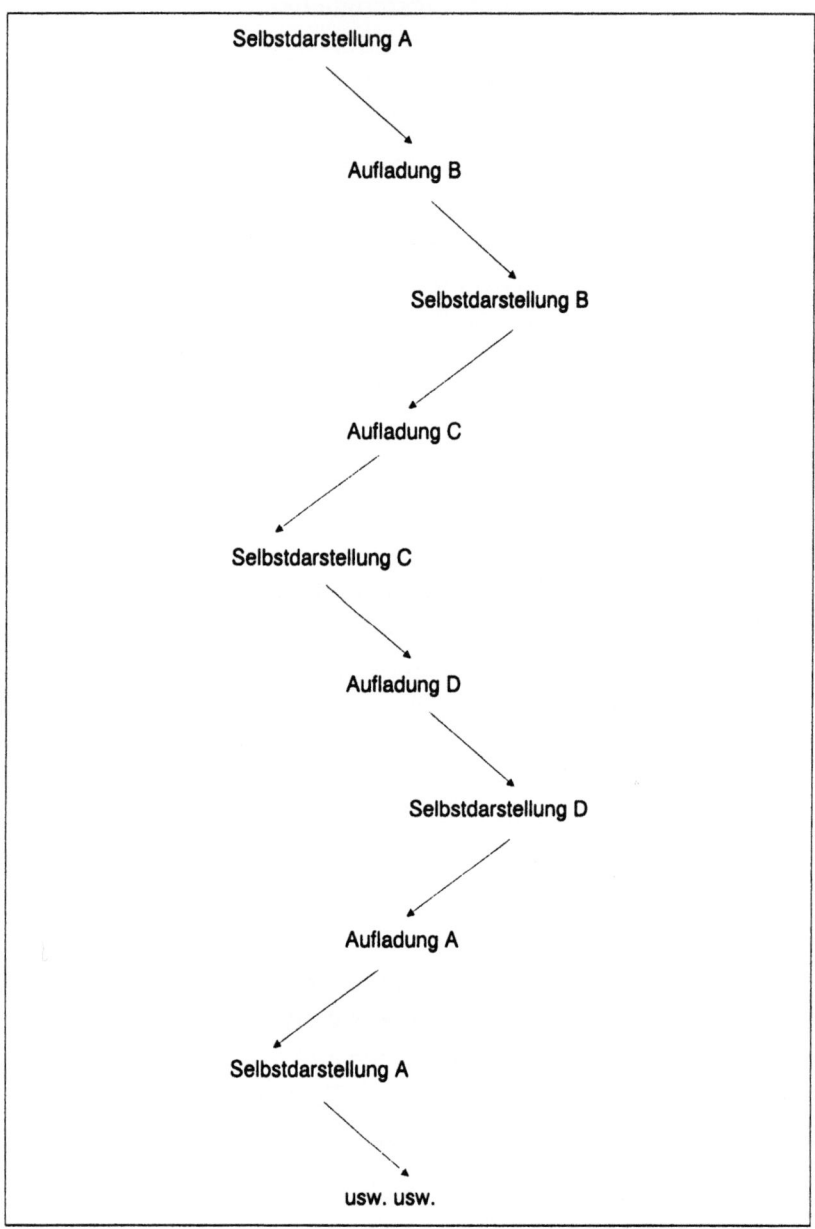

Selbstdarstellung A

Aufladung B

Selbstdarstellung B

Aufladung C

Selbstdarstellung C

Aufladung D

Selbstdarstellung D

Aufladung A

Selbstdarstellung A

usw. usw.

die Mehrheit der Teilnehmer keine Lust mehr hat oder zu einer anderen Sitzung muß.

Wunderlichs Gleichung

$$(Pot\ +) - (Pot\ -) = SE + SR$$

SR = Sitzungsrest	SE = Sitzungsende
Pot + = positive Potenz	Pot - = negative Potenz

Mit dieser Gleichung verfügen wir nun über ein Instrument, das nicht nur die unverhältnismäßig lange Dauer, sondern auch das unerwartete, plötzliche Ende vieler Sitzungen bzw. ihren Kollaps zu erklären vermag.

Wie aber kommt es zur nächsten Sitzung? Wunderlichs Gleichung liefert zugleich eine verblüffend einfache Erklärung dieses an sich ja eher schwer verständlichen Phänomens: Der Autor hat sie als „Wunderlichs Sisyphus" bezeichnet. „Jede Sitzung endet zwangsläufig mit einem Rest nicht entladener Potenz, d.h. nicht erfüllter Bedürfnisse nach Selbstdarstellung. Diese führen zur Anberaumung der nächsten Sitzung".[30] Jeder „Sitzungsrest" führt also – einem Sauerteige gleich – zur Fortsetzung des Sitzungsbetriebs.

Eine praxisorientierte Weiterführung erfuhren die – im wesentlichen doch eher spekulativen – Überlegungen Wunderlichs durch die Entwicklung einer Konferenzbetriebslehre, insbesondere im Institut für Wissenschaftsbetriebslehre (IfW), Köln,[31] und im Wissenschaftsbetriebszentrum (WBZ), Hameln.[32] Die Hamelner Wissenschaftler bezogen sich dabei vor allem auf den in ihrem Institut entwickelten theoretischen

---

30 Wunderlich, a.a.O., S. 433.
31 J. Überall (Hg.): Sitzungsbetrieb 2000, Köln 1992.
32 Vgl. Th.O. Salbaderer: Grundlagen der Sitzungsbetriebslehre, Hameln 1989.

Rahmen der „kontrastiven Selbstdarstellung".[33] Zugleich konnten sie auf umfangreiches empirisches Material, das ihnen aus dem Wissenschaftsbetrieb im eigenen Hause zur Verfügung stand, zurückgreifen. Unter anderem ermöglichte dies ihnen die detaillierte Formulierung eines Satzes von „Konferenztechniken", die vor allem auch zu einer geordneten Gestaltung des akademischen Sitzungswesens im Sinne der kontrastiven Selbstdarstellung beitragen können.[34] Wir geben hier auszugsweise einige dieser Konferenztechniken (KT) sowie auch einige Gegentechniken (GT) wieder.

- **Rednerliste** („Hodge-Podge") – wirksame KT zur Verhinderung einer zusammenhängenden Diskussion. Dabei kommt es darauf an, die Rednerliste so lang zu halten, daß kein Diskussionsbeitrag in unmittelbarem Bezug zu dem eines Vorredners stehen kann.
- **Ausdauer** („Sitzfleisch") – unverzichtbare Grundvoraussetzung für jegliche erfolgreiche Sitzungstätigkeit. (Siehe auch „Langeweile" und „Pawlow").
- **Wortmeldung** („Pawlow") – KT, durch die prophylaktisch Sitzungspräsenz dokumentiert wird; bedingter Reflex erfahrener Sitzungsteilnehmer (siehe auch „Langeweile").
- **Langeweile** („Wortmeldung") – trägt wesentlich zur Ausdehnung der Dauer von Sitzungen bei, da sie Wortmeldungen – als einzig wirksame GT – provoziert.
- **Hackordnung** („WBZ") – regelt, wer jeweils wen unterbrechen oder wem widersprechen darf, ohne von tiefer eingestuften Konferenzteilnehmern angegriffen zu werden.

---

33 M. Umtrieb, R. Wieselhuber, F. Flinck: Kontrastive Selbstdarstellung im Wissenschaftsbetrieb, Schriftenreihe des Wissenschaftsbetriebszentrums, Hameln XVI, 1988. Vgl. hierzu Umtrieb et al. in diesem Band, S. 29.
34 Vgl. Salbaderer, a.a.O., S. 889ff. Vgl. auch V. Snipe, O.B. Noxious: Ploy and Counterploy – The Art of Competitive Conferencing, Cambridge 1984. T. Rash: The Academic Ploymate – an Introduction to Conferencing at Universities, Princeton 1987.

Besonders wichtig für den Wissenschaftsbetrieb in Groß-
forschungsinstituten: wurde im Wissenschaftsbetriebszentrum (WBZ) systematisch erprobt.

- **Terminabsprachen** („Poker") – wegen ihres hohen Selbstdarstellungswerts sehr beliebte, zeitaufwendige KT. Beim
  Nachweis, wer den gedrängtesten Terminkalender hat bzw.
  auf wen bei weiteren Sitzungen am wenigsten verzichtet
  werden kann, eröffnen sich sehr breite Möglichkeiten zur
  kontrastiven Selbstdarstellung, etwa durch die ausführliche
  Begründung, warum ein Termin nicht disponibel ist („Da
  habe ich einen Termin mit dem Bundesprojektminister")....

- **Zu spät kommen** („Stargast A") – wegen ihres ambivalenten
  Selbstdarstellungswerts nur eingeschränkt empfehlenswerte
  KT; geeignet vor allem für bedeutende Persönlichkeiten,
  die demonstrieren müssen, daß der Anlaß ihres Erscheinens
  ihrer Bedeutung nicht adäquat ist. Von Prof. Dr. R. Stargast
  konsequent und meisterhaft praktizierte KT.

- **Vorzeitiger Abgang** („Stargast B") – bietet gegenüber Stargast A den Vorteil, daß sie gezielter eingesetzt werden
  kann. Bedeutende Persönlichkeiten signalisieren durch ihren
  Aufbruch, daß nun nichts Bedeutendes mehr passieren
  kann.

- **Der Gang zur Toilette** („Stargast C") – sehr effektive und
  variabel (allerdings nur begrenzt) einsetzbare KT. Ihre Wirksamkeit hängt wesentlich von der präzisen Terminierung
  ab, etwa während einer – zu langen – Einlassung eines
  Kontrahenten. Wirksame, allerdings äußerst selten eingesetzte G.T.: Zigarettenpause vorschlagen (siehe Lucky
  Strike).

- **Telefongespräch** („VIP") – je nach Dauer der Sitzung wird
  eine vertrauenswürdige bzw. abhängige Person (Sekre-
  tär(in), Assistent(in), Freund(in), Ehemann oder Ehefrau)
  beauftragt, mit einer angemessenen Zahl von Anrufen (etwa
  alle eineinhalb Stunden) beauftragt. Falls sich der Telefon-

anschluß im Sitzungsraum befindet, ist die Wahl jener gedämpften Stimmlage wichtig, die einerseits ostentative Rücksichtnahme signalisiert, andererseits doch das angestrebte Maximum an Aufmerksamkeit auf sich zieht. GT („Anti-VIP"): Referat oder Diskussionsbeitrag demonstrativ unterbrechen mit der Erklärung: „Ich möchte den Kollegen nicht stören".

- **Anekdoten erzählen** („Amerikaner") – in den Vereinigten Staaten entwickelte KT; in Europa durch reisende US-Gastprofessoren eingeführt, entbindet von inhaltlichen Stellungnahmen. Dient meist mehr der Erheiterung des Redners als der Zuhörer (siehe Langeweile).
- **Mehrebenengespräch** („Babylon") – sehr häufig – leider meist ungewollt – praktizierte KT. Mehrere Sitzungsteilnehmer reden über Unterschiedliches, ohne dies zur Kenntnis zu nehmen. Besonders geeignet für Podiumsveranstaltungen. (Unvergessen jenes legendäre Symposium, bei dem Prof. Jenseits, Prof. Überall, Prof. Unsäglich und Prof. Langg-Weyler zweieinhalb Stunden diese KT in Perfektion demonstrierten.)
- **Falsches Lob** („Syncophant") – wirksame und weitgehend risikolose KT. Ein Vorredner wird für eine Äußerung gelobt, die er nicht gemacht hat, die aber den eigenen Intentionen entspricht. Führt nur selten zu Widerspruch.
- **Ironie** („Eigentor") – wegen ihres ambivalenten Selbstdarstellungswerts äußerst problematische KT. Wird häufig mißverstanden und kann so zu einer negativen Profilierung beitragen. Zudem neuerdings als sexistischer Dominationsmechanismus gekennzeichnet. (Vgl. B. Bierernst: „Geschlechtsspezifische Verhaltensmuster im Seminar- und Vorlesungsbetrieb der Georg-August-Universität, Göttingen", Tiefenbrunn 1991. Vgl. auch Wanda Fiendisch, Gretchen Spite: Sexism in Conferencing, New York 1981.)

- **Schlafen** („Morpheus") – nur bedingt zur positiven Selbst-darstellung geeignet. In ihrer Anwendung wesentlich vom hierarchischen Status abhängig. Unvergessen ist jene Sit-zung, bei der die Standortbestimmung – und damit Wei-terfinanzierung – des Forschungsschwerpunktes „Theoreti-sche Grundlagen des Allzutäglichen" an der Ludwigs-Ma-ximilians-Universität, München, zur Diskussion stand. Der anwesende Vertreter des Ministeriums zur Förderung des Projektbetriebes (BMFP), Ministerialdirigent Dr. W. Krähe, entschlief sieben Minuten nach Sitzungsbeginn. Die ver-sammelten Wissenschaftler diskutierten mit gedämpfter Stimme eingehend die aufgeworfene Fragestellung bis zum Erwachen des Ministerialdirigenten. Der Schwerpunkt wur-de ohne Auflagen um weitere 10 Jahre verlängert.
- **Die unmögliche Frage** („Sphinx") – der Kontrahent wird mit einer Frage konfrontiert, die er nach menschlichem Ermessen nicht beantworten kann, deren Beantwortung aber als Selbstverständlichkeit unterstellt wird. Etwa Prof. Pri-mus – ein Meister dieser Strategie: „Sie kennen ja sicher die These von Schwetzer-Stüssy ....." (Silke Schwetzer-Stüssy war Diplomandin bei Prof. Primus). Allerdings als GT („Ramses") sehr wirksam die Reaktion Prof. Bosnigglers, der ohne Zögern – er hatte natürlich und zu Recht von Schwetzer-Stüssy noch nie gehört – antwortete: „Sie wissen aber auch, daß Töchterlein nachgewiesen hat, daß Schwet-zer-Stüssys Prämissen unhaltbar sind" (Ute Töchterlein ist Diplomandin bei Prof. Bosniggler).
- **Die langatmige Selbstverständlichkeit** („Filibuster") – ins-gesamt am häufigsten (nach einer Erhebung des Instituts für Sitzungsbetriebslehre 61,77 % der Redezeiten), allerdings selten gezielt angewandte KT. GT: siehe „Pressure".
- **Geheucheltes Unverständnis** („Meuchelmord") – besonders geeignet, wenn ein anderer Sitzungsteilnehmer eine offen-sichtliche Dummheit geäußert hat. „Ich habe das leider

nicht verstanden, würden Sie mir das bitte noch einmal erklären." Nachdem der Unglückliche seinen Unsinn wiederholt hat, wird dies mit einem kurzen „Hm" quittiert und dem Teilnehmer rechts neben ihm bedeutungsvoll zugenickt.

- **Ungeheucheltes Unverständnis** („Selbstmord") – dem „Meuchelmord" verwandte, aber in ihrer Wirksamkeit deutlich unterlegene KT. Wirksame, allerdings selten praktizierte GT: Schweigen.

- **Irreführende Zustimmung** („Gambit") – KT, durch die die veraltete KT der kontradiktorischen Zustimmung („Ja, aber ...") ersetzt werden kann. Eine Feststellung, die der eigenen Position widerspricht, wird mit „Ganz richtig ...", „Eben ...", oder (vulgär) „Genau" ... quittiert und als Bestätigung dessen interpretiert, was man selbst schon immer gesagt habe.

- **Strohmann aufbauen** („Justus-Liebig") – KT, die in hohem Maße die Anforderungen der kontrastiven Selbstdarstellung erfüllt: die negative Profilierung von Kontrahenten wird zur positiven Selbstdarstellung genutzt. Wurde zum ersten Mal systematisch im arbeitssomatischen Seminar der Justus-Liebig-Universität, Gießen, im Lehrbetrieb eingesetzt.

- **Offene Türen einrennen** („Open Door") – in ihrer Wirksamkeit „Justus-Liebig" deutlich unterlegene, trotzdem gerne repetitiv eingesetzte KT.

- **Verwirrung stiften** („Chaos") – sehr wirksame, vor allem von bedeutenden Persönlichkeiten gern, allerdings selten bewußt, eingesetzte KT.

- **Aneignung** („Thesendieb") – KT, durch die fremdes Gedankengut vereinnahmt wird, etwa durch: „Vorzüglich, das deckt sich ja voll mit meiner These ....", „Ich freue mich, daß Prof. XY hier auch meiner Meinung ist", „Das war ja auch meine Überlegung, als ich vorhin sagte ...".

- **Mit fremden Federn schmücken** („Boa") – Weiterentwicklung von „Thesendieb". Beliebte, allerdings nur von bedeutenden Persönlichkeiten ohne Risiko anwendbare KT. Als GT („Superboa") etwa die freundliche Frage: „Beziehen Sie sich bei Ihren Ausführungen auf die These, die XY schon 1967 formuliert hat?"
- **Zigarettenpause** („Lucky Strike") – KT mit hoher Eigendynamik, führt meist zu Grundsatzdiskussionen; wird häufig eingesetzt, wenn sich abzeichnet, daß die Sitzung zu einem Ergebnis kommen könnte.
- **Thesenschmieden** („Meine These – Deine These") – KT, durch die der wissenschaftliche Anspruch einer banalen Aussage etabliert wird. GT: Siehe „Boa", auch „Thesendieb".
- **Nur zwei Worte** („Salbaderers Eröffnung") – Standarderöffnung von Diskussionsbeiträgen und Fragen, die länger als 15 Minuten dauern. „Nur ganz kurz einige Anmerkungen", „Nur ganz kurz eine Frage" etc. sind als Ankündigung zu verstehen, daß nun eine Ausführung kommt, die an sich kurz sein könnte, aber lang sein wird. Besonders gegen Sitzungsende gerne praktizierte KT.
- **Zeitdruck herstellen** („Pressure") – besonders von bedeutenden Persönlichkeiten verwandte KT, die durch lange Ausführungen über Nebensächliches den Fortgang der Sitzung aufgehalten haben. Durch ein ungeduldiges „Meine Herren, wir müssen nun aber wirklich endlich zu einem Ende kommen ..." soll sichergestellt werden, daß der nachfolgende Termin (Mittagessen, Sitzung etc.) eingehalten werden kann.
- **Resümee** („Basta") – KT, durch die bedeutende Persönlichkeiten am Ende der Sitzung die ihnen genehme Schlußfolgerung ziehen.

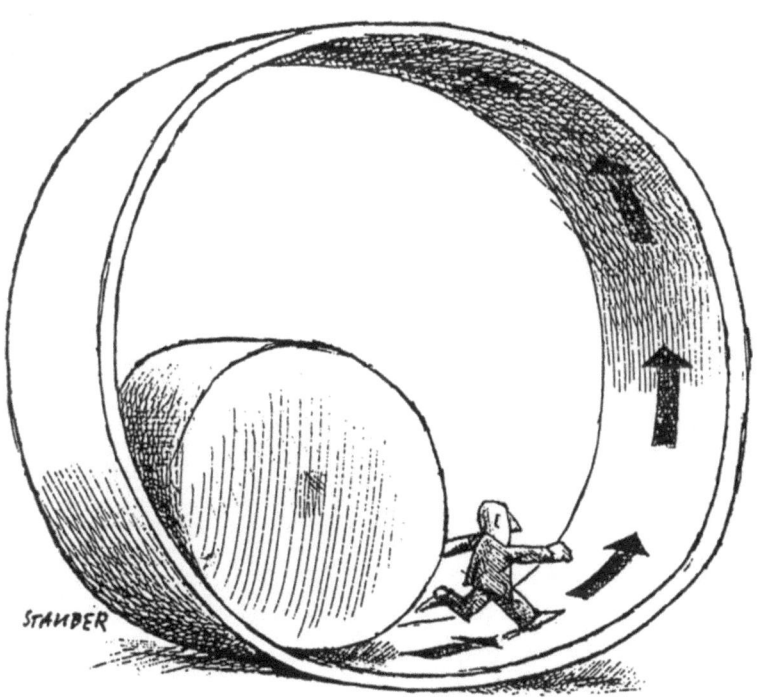

Das Rad neu erfinden

Zur wissenschaftsbetrieblichen Funktion der
nachvollziehenden Erfindung

Salomé Halb-Unschuld[35]

Die Notwendigkeit nachvollziehender Erfindung – lange Zeit
umstritten – wird heute zumindest unter Wissenschaftlern
allgemein anerkannt.[36] Ohne die – metaphorisch gesprochen –
ständige Neuerfindung des Rades wäre eine geordnete Abwicklung und vor allem die allgemein angestrebte Ausdehnung des Wissenschaftsbetriebes kaum denkbar. Gegenüber
der einfachen, man möchte sagen: ordinären Erfindung hat
ja die nachvollziehende Erfindung den Vorteil, daß sie beliebig

---

35 Prof. Dr. Salomé Halb-Unschuld lehrt Frauenbetriebslehre an der Johann
 Wolfgang-Goethe-Universität, Frankfurt; sie ist Sprecherin des Initiativ-
 kreises „Frau im Kosmos" der Sektion „Frauenforschung" in der Deutschen Gesellschaft für Pseudologie.
36 Vgl. hierzu die programmatische Schrift L. v. Irrwischs: Das fünfte
 Rad – Nacherfindung als Verpflichtung der Wissenschaften, Neuwied
 1953.

oft gemacht werden kann und insofern einen inhärent expansiven Charakter hat.

Die steigende Bedeutung der Nacherfindung kann abgeleitet werden aus den strukturellen Veränderungen der Wettbewerbsbedingungen im Wissenschaftsbetrieb.[37] Mit der exponentiellen Zunahme der Zahl der im Wissenschaftsbetrieb Tätigen und der sich daraus ergebenden Gefahr eines Profilierungsstaus wächst der Bedarf nach programmatischen Formulierungen und anderen Möglichkeiten kontrastiver Selbstdarstellung. Die Originalität der gesellschaftlichen Realität ist nun allerdings begrenzt, wie auch die Phantasie vieler Wissenschaftler. Den Ausweg bietet die nachvollziehende Erfindung.

Durch eine nachvollziehende Erfindung wird ein Sachverhalt, der bereits einmal oder gar mehrmals Gegenstand wissenschaftlicher Aktivität war, einer Neuformulierung erschlossen. Ein schönes Beispiel solch nachvollziehender Erfindung im Wissenschaftsbetrieb ist etwa die perennierende Neuentdeckung des qualitativen Interviews als Methode pseudologischer und banalwissenschaftlicher Forschung.[38]

Als besonders dankbares, faktisch unerschöpfliches Feld nachvollziehender Erfindungen haben sich Kategorisierungen erwiesen – durchaus im Einklang mit der sich immer mehr durchsetzenden Erkenntnis, daß diese die vornehmste Aufgabe, den eigentlichen Kern des Wissenschaftsbetriebes konstituieren.[39] Richtungsweisend hier etwa die Erfindung des

---

37 Vgl. hierzu auch J. Umtrieb in diesem Band, S. 29.
38 Vgl. u.a. W. Halbherz: Das qualitative Interview als Instrument pseudologischer Forschung, Frankfurt a.M. 1956. S. Urheber: Das qualitative Interview – neue Wege in der pseudologischen Forschung, Bielefeld 1975. M. Hurtig: Das qualitative Interview – eine Alternative?, Gießen 1992.
39 Th. Kastlhuber: Die Welt als Matrix – Versuch einer Neuverortung der Wissenschaft, München 1984.

Vierebenenmodells durch Streng/Fröhlich, durch das das bislang im Lehrbetrieb der Betriebsamkeitslehre dominierende Dreiebenenmodell von Klein/Klein fast völlig substituiert werden konnte.[40]

Ein weites Feld wurde dabei den nachvollziehenden Erfindungen durch die beeindruckenden Fortschritte in der Methodologie der Kategorisierung erschlossen. Allein die Entwicklung von der These zur Hypothese, weiter zur Vierfeldertafel, der Matrix und schließlich, als krönendem Abschluß, zum Portfolio eröffnete unendliche Möglichkeiten zur nacherfindenden Neuformulierung an sich etablierter wissenschaftlicher Aussagen.

Klassisch wurde dies demonstriert an der nacherfindenden Transponierung von Martin Luthers – methodologisch heute kaum noch denkbaren – 14 Wittenberger Thesen in ein Portfolio, durch die völlig neue Möglichkeiten theologischer Kontroversen eröffnet wurden.[41]

Besondere Bedeutung kommt der nachvollziehenden Erfindung verständlicherweise in der Pseudologie und in der Banalogie zu, Disziplinen also, deren wissenschaftlicher Prozeß ja eine enge inhärente Affinität zum Prinzip der nachvollziehenden Erfindung haben. Aber auch in der Deutologie hat in den letzten Jahren die Nacherfindung erkennbar an Boden gewonnen.[42]

Ein weites Feld wurde gerade in den letzten Jahren durch den zunehmenden Gebrauch der interdisziplinären Nacherfindung erschlossen. So wurden etwa in der Pseudologie

40 A. Klein, B. Klein: Das Dreiebenenmodell, Karlsruhe 1981. A. Streng, R. Fröhlich: Das Vierebenenmodell, Karlsruhe 1986.
41 O. Metatuerk: Luthers Wittenberger Portfolio, Weimar 1989. Vgl. auch die Protokolle der 13. Synode ev.luth. Bischöfe, Erlangen 1991.
42 Vgl. hierzu etwa die Verwertung von J.B. Deutends „Postkommunikation" in der deutologischen Diskussion.

Forschungsthemen, die seit Jahrzehnten von der Banalogie mehr als hinreichend bearbeitet worden waren, nachentdeckt und vice versa.

In der Frauenforschung wird der nachvollziehenden Erfindung eine besondere Rolle zugewiesen. Wie die Nachempfindung sei die Nacherfindung eine spezifisch weibliche Stärke, wobei diese natürlich nicht biologisch, sondern sozial begründet wird. So stellte Dr. Frauke Toll-Modisch dem „harten", durch die maskuline Dominanz geprägten Wissenschaftsbetrieb einen „sanften", nachvollziehenden femininen Wissenschaftsstil gegenüber.[43]

Nun blieb allerdings die zunehmende Zahl der Nacherfindungen nicht ohne Kritik. Sie trage zu einer künstlichen, inflationären Aufblähung des Wissenschaftsbetriebes bei, die letztlich zu einer Entwertung der Produkte wissenschaftlichen Schaffens führe. „Alter Wein in alten Schläuchen?", „Noch mehr Eulen nach Athen?", so wurde ironisch gefragt.[44] Vereinzelt wurde die Nacherfindung sogar in die Nähe des Plagiats gerückt.[45]

Solche Anwürfe verweisen letztlich auf ein grundsätzliches Mißverständnis bezüglich des Charakters von Nacherfindungen: Der Plagiator übernimmt wissentlich und bewußt eine

---

43 F. Toll-Modisch: Sex and Temperament Revisited, Düsseldorf 1987. Vgl. auch A. Arm-Selig, F. Denck-Fehler, I. Huhn-Gack, L. Lahri-Vahry, O. Schoen-Ferber, S. Schwetzer-Stuessy, U. Toechterlein: Sonnenschein oder Mondlicht – maskuline und feminine Muster wissenschaftlicher Profilierung, Frankfurt a.M. 1987, in: „Mitteilungen" der Initiativgruppe „Frau im Kosmos" der Sektion „Frauenforschung" der Deutschen Gesellschaft für Pseudologie, Nr. 2, S. 3-5.
44 X. Zenkisch: Noch mehr Eulen nach Athen? – der nachvollziehende Wissenschaftsbetrieb, Berlin 1988. E. Dolch-Hemisch: Auf den Schultern von Zwergen, Freiburg 1984. Vgl. auch S. Snipe: Lame Ducks and Blind Hunters, Oxford 1986.
45 L. Taendler: Das sechste Rad, Neuwied 1987.

fremde Vorlage, schafft also nichts Neues, der Nacherfinder hingegen schafft sich die Realität neu.[46]

In diesem Zusammenhang erscheint die Unterscheidung zwischen nachvollziehender Erfindung und nachvollziehender Entdeckung relevant. Während bei ersterer mehr die Profilierung nach außen bestimmend ist, steht bei letzterer mehr die innere persönliche Bereicherung im Vordergrund. So ist die mehrfache Entdeckung des „Arbeiters" durch zahlreiche Generationen von Banalogen und Pseudologen primär als Teil wissenschaftlicher Selbstfindung zu verstehen, während die hartnäckige Neuerfindung des „Arbeiterbewußtseins" eher durch die Erfordernisse des Wissenschaftsbetriebes gegeben war. Prof. Dr. Bramarbas Posauner und Dr. Franz Joseph Schmäh haben allerdings mit Recht darauf hingewiesen, daß der Nacherfindung meist – rein subjektiv – auch deutliche Elemente des Entdeckens zu eigen sei, man könne also von nacherfindenden Entdeckern sprechen.[47]

Nun ist ohne Zweifel die enorme Zunahme der Nacherfindungen mit Folgeerscheinungen verknüpft, die nicht unbedenklich sind und in der Tat zu einer inflationären Ausweitung des Wissenschaftsbetriebes führen könnten. Die starke Verkürzung der Nacherfindungszyklen hat teilweise zu Ermüdungserscheinungen bei den betroffenen Wissenschaftlern geführt, die den Ruf nach einer restriktiven Regulierung laut werden ließen.[48] Eine zentrale Bewirtschaftung der Nacherfindungen, wie sie bisweilen schon gefordert wurde, ist

---

46 Ein ähnliches Mißverständnis liegt der Verknüpfung des Nacherfindens mit dem Lustprinzip zugrunde, in der diese als spielerischer, ja beliebiger Akt begriffen wird. Ein solches Verständnis widerspricht völlig dem primär instrumentalen Charakter des Nacherfindens (vgl. M. Hurtig: Nacherfinden macht Spaß, in: Arbeitssomatische Hefte 17/1985, S. 73-111).

47 B. Posauner, F.J. Schmäh: Der Nacherfinder als Entdecker, Wien 1987.

48 E.A. Nightmare: Publish or Perish – Survival of the Fastest, in: „Postcommunications Quarterly" 7/1988, S. 3-33.

allerdings mit Nachdruck abzulehnen, allein schon wegen der ungeklärten wissenschafts-ethischen Probleme, die eine solche Maßnahme aufwerfen würde. So bleibt nur der Appell an die Einsicht, an die freiwillige Selbstbeschränkung der Wissenschaftler. Das Beispiel der Freiwilligen Selbstkontrolle der Filmbetriebswirtschaft könnte hier den Weg weisen.

Die Zukunft für die Gegenwart nutzen

Zur gesellschaftlichen Funktion des Prognosewesens

Erwin Fadenschein[49]

Seit biblischen Zeiten versucht die Menschheit, die Zukunft vorherzusagen. Dieser Jahrtausende alte Traum ist nun mit der Perfektionierung des Prognosewesens, die wir in den letzten Jahren erlebt haben, in Erfüllung gegangen. Mit unglaublicher, ja unvorstellbarer Präzision wird uns die Zukunft entschleiert: Daß im Jahr 2000 37.659.322 Autos sich auf unseren Straßen bewegen werden, daß wir pro Kopf 759 Prozent mehr Elektrizität verbrauchen werden mit Geräten, die wir heute noch gar nicht kennen, oder daß es im Jahre 2029 nur noch 35,6 Millionen Deutsche geben wird – darunter 14,3 % Ausländer oder deren Sprößlinge – von denen 15,6 % arbeitslos sein und 27.688 bei Straßenunfällen umkommen wer-

49 Prof. Dr. Erwin Fadenschein ist Direktor des „Seni-Instituts für Prognostik" (SIP), Basel, sowie Geschäftsführer der Koordinationsstelle deutscher Prognoseinstitute (KDP).

den, das alles wird aus – häufig dürftigsten – Anhaltspunkten mit kaum nachvollziehbarer Akribie errechnet.

Das Prognosewesen von heute tritt ein geschichtsträchtiges Erbe an. Die Propheten des Alten Testaments, die Seher der Antike, das Orakel von Delphi, Kassandra, die Auguren, die Priester der Inkas und Azteken, die Astrologen an den Fürstenhäusern des Mittelalters, Nostradamus, Cagliostro – sie alle waren Träger einer historischen Funktion: des Wunsches der Mächtigen, Vorgesehenes vorhersagen zu lassen. Die Aufklärung setzte dem, wie so vielem, ein Ende. Was blieb, war das kümmerliche Kleingewerbe des Kartenschlagens und Kaffeesatzlesens, die Astrologiespalten in den Zeitschriften – plebejische Erben einer vormals königlichen Wissenschaft.

Erst mit der Institutionalisierung des Prognosebetriebs an akademischen Lehrstühlen und Forschungsinstitutionen wurde die Prognostik in ihre alte königliche Funktion restituiert.[50]

Aber in welcher Größenordnung und mit welchem Anspruch! Wo sich früher Propheten und Wahrsager auf ihre Erleuchtung beriefen, es bei dunklen und mehrdeutigen Aussagen belassen mußten, steht heute die Präzision detaillierter und wissenschaftlich formulierter Aussagen über die Zukunft. Lediglich die Astrologie kann sich mit ihren hochentwickelten Berechnungsverfahren mit dem Wissenschaftsanspruch der heutigen Prognostik messen.[51]

Kein Wunder, daß das Prognosewesen in erstaunlich kurzer Zeit ein wichtiger Zweig des Wissenschaftsbetriebs geworden ist. 1989 wurden, so ergab eine Erhebung im Auftrage des

---

50 Aus gutem Grund wurde das Institut für Prognostik, Basel, nach dem Hofastrologen Wallensteins, Giovanni Battista Seni (geb. Padua 1600, gest. Genua 1656) benannt.

51 Der methodologische Fortschritt der Prognostik ist allein schon daran abzulesen, daß noch vor einigen Jahren die Zielwerte in vollen Prozentzahlen angegeben wurden, während heute überwiegend Dezimalstellen, jener untrügliche Indikator der Wissenschaftlichkeit, ausgewiesen werden.

Bundesministeriums für die Förderung des Projektbetriebes (BMFP), 2.333 Prognosen ausgearbeitet (nach einer Untersuchung für das Wirtschaftsministerium waren es sogar 7.325), eine Zunahme um 11,6 % gegenüber 1988. Entsprechend gesteigert werden konnte der Aufwand. Wo früher ein paar Goldstücke ausreichten, stehen heute Mittel ganz anderer Größenordnung zur Disposition.

Eine junge – fast möchte man sagen poetische – Schwester der Prognose ist das Szenario. Prof. Karl Otto Waber hat es in seinem vielbeachteten Aufsatz „Der Mythos vom Jahr 2000"[52] als das Märchen des mikroelektronischen Zeitalters bezeichnet, in dem sich die Hoffnungen und Ängste einer Generation verdichten. Eine solche Interpretation greift zu kurz und wird der realen Funktion des Szenarios nicht gerecht. Der adäquate Bezug scheint uns eher die tiefe Mehrdeutigkeit des antiken Orakels zu sein, die durch das Szenario nun wieder in die Prognostik eingeführt wird.

Ihre Entschleierung durch das Prognosewesen verändert unser Verhältnis zur Zukunft grundlegend – und damit auch zur Gegenwart: Wir können, ja wir müssen heute die Straßen bauen für jene 37 Millionen Fahrzeuge der nächsten Generation; wir können, ja müssen durch den Bau weiterer Kernkraftwerke dafür sorgen, daß auch jene Geräte entwickelt werden, die dann deren Strom verbrauchen. Die Prognose nimmt die Wirklichkeit der Zukunft vorweg und hilft dadurch, Bedingungen herzustellen, die deren Verwirklichung sicherstellen.[53] Das Prognosewesen schafft damit, wie der Deutologe Prof. Dr. Ulrich Dunst, sich auf die Emanationstheorie N.N. Bleichs beziehend, folgert, eine Synthese von Vergangenheit

---

52 K.O. Waber: Der Mythos vom Jahr 2000, in: Denken und Deuten 9/1983, S. 17-77.
53 Vgl. R. Counterfeit: The Selffullfilling Prophecy. Cambridge, Mass. 1987.

und Zukunft, also eine Aufhebung des dialektischen Widerspruchs der Bewältigung der Zeit durch die Menschheit.[54]

So mag es nur auf den ersten Blick überraschen, wenn Prof. Dr. Boris Unverblümt, der Präsident der Gesellschaft für Prognostik (GFP), erklärt, der Glaube an die Prognose dokumentiere den Glauben an die Gegenwart. Die Kunst der Prognose sei es, die Verhältnisse der Vergangenheit für die Gegenwart auf die Zukunft zu projizieren. „Die Prognose ist damit eine sehr gegenwartsorientierte Wissenschaft, und das begründet gerade ihren praktischen Nutzen. Sie ist ja für das Heute gemacht, nicht für das Jahr 2000. Ihre Bewährung liegt im Jetzt und nicht im Morgen."[55]

Im Prognosebetrieb findet also die alte Erkenntnis, daß die Berufung auf die Zukunft die wirksamste Legitimierung gegenwartsbezogener Maßnahmen ist, endlich ihre wissenschaftliche Umsetzung.[56] Nirgendwo befinden sich Anforderungen von Praxis und der Beitrag der Wissenschaft so ungebrochen im Einklang wie in der Prognostik. Nirgendwo beweist die Wissenschaft einen so genauen Sinn für die „Realitäten" der Gegenwart als dort, wo sie Aussagen über die Zukunft macht.

Die Forderung Nietzsches nach einer fröhlichen Wissenschaft ist in der Prognostik erfüllt, ja übertroffen. Man könnte von einer unbeschwerten, ja unbekümmerten Wissenschaft sprechen, nicht von Skrupeln eingeengt, die ihren Gebrauchs-

---

54 Schon die alten Griechen versinnbildlichten diesen Widerspruch in dem mythologischen Brüderpaar Prometheus – dem Vor-denker – und Epimetheus – dem Nach-denker, der seine Klugheit nach den Ereignissen unter Beweis stellt.

55 B. Unverblümt, P. Plumpp: Der Griff nach der Zukunft, Bad Godesberg 1979.

56 Vgl. U. Dunst: Prognose als Schicksal, Tübingen 1964. Auf den Zusammenhang der Prognostik mit der Theologie hat Prof. K.O. Waber hingewiesen, nicht nur wegen des Glaubensaspektes, sondern auch wegen der eschatologischen Dimension, die beide enthalten. Vgl. K.O. Waber: Der Mythos des Jahres 2000, in: Denken und Deuten 8/1983, S. 17-77.

wert so häufig zu verdüstern drohen, einer Fröhlichkeit, die auch durch kontinuierliche Fehlschläge nicht zu beeinträchtigen ist.

Ist die feierliche Unbekümmertheit der sogenannten „Sieben Weisen" nicht zu bewundern, die Jahr für Jahr Aussagen über die weitere wirtschaftliche Entwicklung abgeben, die sich dann sehr bald als nicht haltbar erweisen? Wir dürfen auch nicht übersehen, daß diese Unbeirrbarkeit gepaart ist mit höchster Flexibilität: der Bereitschaft, jede Aussage nach Bedarf veränderten Bedingungen anzupassen. Vor diesem Hintergrund muß auch die geringe „Trefferquote" der Prognostik gesehen werden, wobei diese, wie eine Untersuchung am Seni-Institut nachgewiesen hat, sich durchaus noch innerhalb des Bereichs statistischer Wahrscheinlichkeit bewegt.[57]

Der Umstand, daß die Aussagen des Prognosewesens so häufig untereinander differieren, wurde gegen dieses selbst ins Feld geführt. Aber gerade diese Variabilität spricht für die Leistungsfähigkeit des Prognosebetriebs: jeweils so unterschiedliche Werte stringent und wissenschaftlich nachweisen zu können, bedarf einer hochentwickelten Methodologie.

Es ist auch kritisch vermerkt worden, daß sich niemand die Mühe mache, im Nachhinein festzustellen, wieweit Prognosen wirklich eingetroffen seien – außer bei Wettervorhersagen. Solche Kritik zeigt mangelndes Verständnis für die gesellschaftliche und historische Funktion der Prognostik: Die Prognose interessiert dann, wenn sie gemacht wird, nicht dann, wenn sie nicht eintritt.

Eine heute noch kaum prognostizierbare Entwicklung wurde durch das Softwarepaket „Prognis" eingeleitet, das mit

---

57 Prof. Ernestine Unke, Konstanz, die „Kassandra vom Bodensee", hat der „niederen" statistischen Signifikanz die „höhere" gesellschaftliche Signifikanz von Prognosen gegenübergestellt, die Reflexion geltender gesellschaftlicher Verhältnisse. Vgl. E. Unke: Sphinx oder Orakel, Konstanz 1975, S. 931.

seinem hohen Kompatibilitätsgrad praktisch universell sowohl an Personal-Computern wie an Mainframes einzusetzen ist. Die Möglichkeit einer ungeheuren Popularisierung der Prognostik zeichnet sich ab: Do-it-yourself-Prognosen in Heimarbeit, die Jedermannsprognose. Gegen einen solchen Wildwuchs wurden bereits Bedenken geäußert, und es wurde eine Reglementierung des Prognosewesens vorgeschlagen.[58]

Eine Lösung der hier angedeuteten Problematik könnte das im Auftrag des Wirtschaftsministeriums ausgearbeitete System der „Megaprognose" sein: Alle anerkannten Interessenverbände und Institutionen geben die ihnen wünschenswert erscheinenden Zielwerte einer Zentraleinrichtung zur Kenntnis, die dann daraus – mit gebührender Gewichtung der einzelnen Angaben – die entsprechenden Prognosewerte ermittelt. Die Vorteile eines solchen Vorgehens sind unmittelbar einleuchtend: Die Widersprüchlichkeit der Interessen wird in den wissenschaftlichen Prozeß der Prognostik eingearbeitet. Das Prognosewesen könnte damit endlich und über alle Zweifel erhaben zu einer Verwissenschaftlichung und Versachlichung wirtschaftlicher und politischer Auseinandersetzungen beitragen. Zugleich würde damit die Integration von Vergangenheit und Zukunft gelingen. Der alte Traum von der gläsernen und damit bewältigten Zukunft wäre in Erfüllung gegangen.[59]

---

58 Vgl. Unverblümt, Plumpp: Der Griff nach der Zukunft, a.a.O., S. 335.
59 Vgl. E. Fadenschein: Die gläserne Zukunft, Basel 1991.

Das Große Mysterium

Zur Rationalität von Berufungsverfahren

Oliver E. Kreuch[60]

„Das große Mysterium des Wissenschaftsbetriebs", so bezeichnete Prof. Dr. K.M. Liebervater in seiner grundlegenden Auseinandersetzung mit der Stratifizierung der akademischen Elite das Berufungsverfahren deutscher Universitäten.[61] Er wählte diese Bezeichnung nicht nur, weil er im Berufungsverfahren gleichsam den Initiationsritus zu den höheren Weihen des Hochschulbetriebs sah, sondern auch wegen seines geheimnisträchtigen Charakters. Minister, Abgeordnete, Aufsichtsräte, Vorstandsvorsitzende, Bischöfe, Päpste, Schauspieler werden benannt, gewählt, eingestellt; Professoren werden berufen.[62]

---

60 Dr. Oliver E. Kreuch ist Unterabteilungsleiter im Zentralinstitut für den Hochschulbetrieb (ZIH) in München.

61 K.M. Liebervater: Die grauen Stars, München 1983.

62 „Berufung: Innerer Auftrag zu einer Tätigkeit, bes. in einem künstler. oder karitativen Beruf; in religiösem Sinne: das Betroffensein religiös

In dieses Mysterium einzudringen, so waren wir uns sehr wohl bewußt, als wir den Auftrag für eine empirischen Untersuchung der Berufungsverfahren erhielten,[63] war ein Unterfangen, das nicht nur besonderer Verantwortlichkeit bedurfte, sondern auch mit besonderen Schwierigkeiten behaftet sein würde. Daß es uns dann doch gelang, den Ablauf von 117 Berufungsverfahren recht genau nachzuzeichnen, kam für uns ebenso überraschend wie die Mitteilungsfreude unserer Gesprächspartner in den Berufungskommissionen und Kultusministerien, die uns dies ermöglichte.

Bei der Analyse dieser Berufungsverläufe bedienten wir uns einer im Zentralinstitut entwickelten Methode: des Protogramms.[64] Eine Vielzahl unterschiedlicher Abläufe werden in einem computerunterstützten Verfahren zu einer Reihe – in unserem Falle sechs – prototypischer Abläufe verdichtet.[65] Aus mnemotechnischen Gründen wurden diese Protogramme mit den Namen von Gesellschaftsspielen gekennzeichnet, zu denen sie uns eine gewisse Affinität zu haben schienen: Reise nach Jerusalem, Monopoly, Kniffel, Mensch ärgere Dich nicht, Blockade und Blinde Kuh.

Diese Protogramme unterschieden sich hinsichtlich wichtiger Merkmale recht erheblich (vgl. Tabelle).

---

schöpfer. Persönlichkeiten (Propheten) durch den Ruf einer Göttlichen Macht, ihren Willen unter den Menschen zu verkünden. Das Verhalten von Berufung und Erwählung untersucht die christl. Theologie." In: Der Grosse Brockhaus, 18. völlig neubearbeitete Ausgabe, Wiesbaden 1979.

63 Die Untersuchung erfolgte im Auftrag des Ministeriums zur Bildung der Wissenschaft (BMBW) im Rahmen des Forschungsprogramms „Universität 2000". Eine ausführliche Darstellung der Untersuchung findet sich in O.E. Kreuch: Vom Beruf zur Berufung – der Weg nach C4, Konstanz 1993.

64 Eine ausführliche Darstellung findet sich in Kreuch, a.a.O., S. 17-233.

65 3,73 % der Berufungsverfahren konnten keinem dieser Protogramme zugeordnet werden.

Berufungsprotogramme

	%	Dauer	Stühle	Kosten	Erfolgs-quote
Reise nach Jerusalem	40,1	8,6	17,3	515,7	47,6
Blockade	21,3	10,5	11,9	687,1	23,2
Mensch ärgere Dich nicht	15,7	8,9	9,8	327,9	35,8
Kniffel	8,8	3,6	3,1	266,5	61,9
Monopoly	6,3	2,8	2,3	199,8	68,5
Blinde Kuh	4,2	1,7	1,5	112,3	90,6
Andere	3,6	4,9	5,8	411,7	51,1
Gesamt	100 %	7,8	9,4	403,3	47,3 %

Dauer: Durchschnittliche Dauer des Berufungsverfahrens in Jahren
Stühle: Zahl der in den Berufungsprozeß direkt oder indirekt einbezogenen Lehrstühle
Kosten: Unmittelbare Kosten des Berufungsverfahrens (Nicht Folgekosten!) in TDM
Erfolg: Prozentsatz der Berufungsverfahren, die zur Berufung des Wunschkandidaten führten

Eine Korrelationsanalyse dieser Merkmale ergab signifikante Zusammenhänge, von denen wir hier nur auf den wichtigsten hinweisen wollen: mit der Zahl der in das Berufungsverfahren direkt oder indirekt einbezogenen Lehrstühle steigen deren Dauer und Kosten, während zugleich die „Erfolgsquote", d.h. der Anteil der Verfahren, in denen es gelingt, den „Wunschkandidaten" zu berufen, sinkt.

Auf eine Interpretation dieses – äußerst komplexen – Zusammenhanges müssen wir hier aus Raumgründen ebenso verzichten[66] wie auf eine Beschreibung aller Protogramme.

---

66 Vgl. hierzu Kreuch, a.a.O., S. 611-782.

Wir müssen uns hier auf die Darstellung eines – allerdings besonders bedeutsamen – Protogramms beschränken: der Reise nach Jerusalem.[67]

Am 31.9.1992 wurde Prof. C. auf den XY-Lehrstuhl für Deutologie an der Universität in K. berufen, der durch den unerwarteten Tod von Prof. Z. am 17.3.1984 freigeworden war.

Diese Berufung wurde allgemein und insbesondere von den unmittelbar Betroffenen als ausgesprochen mißglückt betrachtet: die Mitglieder der Berufungskommission hatten einen anderen Kandidaten vorgesehen; Prof. C. selbst hätte eine Berufung an eine andere Universität vorgezogen. Die Fachwelt nahm die Berufung des bislang eher mäßig profilierten Kollegen auf den renommierten XY-Lehrstuhl mit deutlichem Befremden zur Kenntnis.

Und doch war diese Berufung Ergebnis einer durchaus konsequenten Entwicklung, einer tieferen Rationalität.

Auf der Berufungsliste, zu der sich die Berufungskommission nach sorgfältigen elfmonatigen Auseinandersetzungen verständigt hatte, stand Prof. A. an erster, Prof. B. an zweiter, und Prof. C. an dritter Stelle, wobei Wunschkandidat der Mehrheit der als umgänglicher Kollege eingeschätzte Prof. B. war, weil er, wie es ein Kommissionsmitglied wohl etwas sarkastisch ausdrückte, als „das geringste aller gemeinsamen Übel" betrachtet wurde.

Prof. A. war an die erste Stelle gesetzt worden, weil einerseits mit Sicherheit angenommen werden konnte, daß der prominente Deutologe den Ruf nach K. nicht annehmen werde, andererseits man sich durch seinen Namen eine Aufwertung der Liste versprach.

Prof. C. war zur notwendigen Vervollständigung der Liste herangezogen worden, wobei nicht zuletzt ausschlaggebend

---

67 Auch vulgär: „Stühlerücken", treffender englisch: „Musical chairs".

war, daß die überwiegende Mehrheit der Berufungskommission sich mit seinem Werk nur recht flüchtig vertraut gemacht hatte.

Zunächst nahmen die Verhandlungen durchaus den gewünschten Verlauf. Prof. A. sagte – wie vorgesehen – nach etwa zweieinhalb Jahren ab. Dieser Zeitraum wurde benötigt, da die Bleibeverhandlungen sich für Prof. A. schwieriger als erwartet gestalteten. Dabei war die dilatorische Behandlung der Forderungen, von denen Prof. A. sein Bleiben abhängig machte, seitens des zuständigen Kultusministeriums in S. nicht zuletzt dadurch bedingt, daß von höherer Stelle zu verstehen gegeben worden war, daß eine Berufung von Prof D. von der Universität M. durchaus als eine erwünschte Alternative betrachtet werde.

Es wurde also Kontakt mit Prof. D. aufgenommen, der auch deutliches Interesse an einer Nachfolge von Prof. A. an der Universität K. bezeigte. Dies änderte sich allerdings – für die verhandelnden Beamten nicht unmittelbar erkennbar –, als Frau Prof. D., ihrerseits als Pseudologin an der Fachhochschule in R. bei M. tätig, einen Ruf an die Universität H. bekam, was wiederum Prof. D., seit sieben Jahren glücklich verheiratet, bewog, sich ebenfalls an den Lehrstuhl für pleonastische Deutologie in H. zu bewerben. Nachdem diese Bewerbung relativ rasch – nach etwa einem Jahr – zu dem angestrebten Ergebnis geführt hatte, konnte Prof. D. auch seine Absage dem Kultusministerium in S. signalisieren. Dies belebte die stockenden Bleibeverhandlungen mit Prof. A., so daß dieser seinerseits schon nach weiteren fünf Monaten seine ablehnende Entscheidung an die Universität K. übermitteln konnte.

Erschwerend auf die nun schon seit etwa dreieinhalb Jahren ausstehende Besetzung des XY-Lehrstuhls in K. wirkte sich weiterhin aus, daß sich nun der eigentlich vorgesehene Kandidat, Prof. B. für die Nachfolge von Prof. D. an den nun freiwerdenden Lehrstuhl an der Universität M. beworben hatte. Diese Bewerbung führte innerhalb eines guten Jahres auch tatsächlich ans Ziel, so daß nun Verhandlungen mit Prof. C. aufgenommen werden mußten.

Dieser hatte sich zwar seinerseits sowohl an der Universität M. wie an der Universität H. beworben, allerdings ohne Erfolg.

Damit stand nun der Besetzung des XY-Lehrstuhls nichts mehr im Wege, denn wie eines der Mitglieder der Berufungskommission hoffnungsvoll anmerkte: „Er will uns nicht, wir wollen ihn nicht. Aber: minus mal minus soll ja bekanntlich plus ergeben."

III. Berichte aus dem Wissenschaftsbetrieb

Das Podium, das die Welt bedeutet

Neue Entwicklungen im Kongreßbetrieb

Phoebe Gschaftler[1]

Das Jahr 1992 war – wieder – ein Jahr der Kongresse. Es brachte eine Reihe wichtiger Ereignisse: Den Internationalen Pseudologenkongreß in Mexiko, den Internationalen Deutologenkongreß in Rio, den Kongreß der Deutschen Gesellschaft für Pseudologie in Bamberg, den ersten Absurdologischen Kongreß in Miesbach. Anlaß genug, über den gegenwärtigen Stand der Kongreßbetriebswirtschaft zu reflektieren, um so mehr, als in jüngster Zeit eine Reihe wichtiger Arbeiten zu diesem Thema erschienen sind.

---

1 Prof. Dr. Phoebe Gschaftler ist geschäftsführende Direktorin des Instituts für Kongreßbetriebswirtschaft e.V., Kiel, Inhaberin des Lehrstuhls für Kongreßbetriebswirtschaftslehre an der Christian-Albrecht-Universität Kiel, Mitglied des Kuratoriums des Redekreises der deutschen Wirtschaft und des Vorstandes der Deutschen Gesellschaft für Wissenschaftsbetriebslehre.

Kongresse, so haben Charlotte Bluff und Jochen Alert vom Institut für Kongreßbetriebswirtschaft e.V. (IKB), Kiel, in einer richtungsweisenden Studie festgestellt, erfüllen für den Wissenschaftsbetrieb wie für die/den einzelne/n Wissenschaftler/in eine Reihe primärer und sekundärer Funktionen.[2]

Zu den primären Funktionen zählen die/der Forscher/in:

- Die **kosmopolitische Funktion** – die Kongreßteilnahme macht aus der/dem ja überwiegend eher provinziell verorteten Wissenschaftler/in eine/n Kosmopoliten/in. Rio oder Miesbach, Bamberg oder Mexiko, Hawaii oder Acapulco – Kongresse erschließen der/dem Wissenschaftler/in die Welt, machen sie/ihn recht eigentlich zur/zum Kosmopoliten/in.[3]

- Die **familiale Funktion** – Tiefeninterviews mit Kongreßbesuchern/innen ergaben, daß häufiger Kongreßbesuch eine eindeutig stabilisierende Wirkung auf akademische Ehebeziehungen hat. Die/der Forscher/in führen dies v.a. auf den „Intervalleffekt" zurück (im Gegensatz zu dem „Ventileffekt", der bei nicht-wissenschaftlichen Kongreßbesuchern/innen stärker im Vordergrund steht).

- Die **demonstrative Funktion** – Auftritte auf Kongressen,[4] und v.a. die namentliche Erwähnung in den Kongreßprogrammen, so ermittelte die/der Forscher/in des Kieler In-

---

2 Ch. Bluff, J. Alert: Manifeste und latente Funktionen des Kongreßbetriebes für den Wissenschaftsbetrieb, Kiel 1992.

3 In der konzeptionellen Phase ihrer Untersuchung hatten der/die Kieler Wissenschaftlerinnen ursprünglich die Bezeichnung Touristik- oder Unterhaltungsfunktion in Erwägung gezogen, nahmen jedoch aus wissenschaftspolitischen Überlegungen davon Abstand.

4 Die/der Kieler Wissenschaftler/in verknüpfen bei ihrer Untersuchung sehr konsequent die funktionalistische Betrachtungsweise mit einem rollentheoretischen Ansatz: Sie/er begreift den Kongreßbetrieb in Analogie zum Theaterbetrieb: den Kongreß als Aufführung, den Referente/innen/n als Darsteller/innen, ihren/seinen Beitrag als Auftritt, die Organisator/inn/en als Regisseur/innen/e.

stituts, nehmen im Spektrum wissenschaftlicher Selbstdarstellung eine zentrale Stelle ein. In Analogie zu den Brettern, die die Welt bedeuten, spricht sie/er vom „Podium, das die Welt bedeutet".

- Die **Realitätsfunktion** – der Kongreßbesuch vermittelt den Wissenschaftlern/innen das Gefühl, die Hand am Puls jener Wirklichkeit zu haben, die für sie wichtig ist: die Meinungsbildung in ihrer wissenschaftlichen Disziplin. Wo sonst soll sie/er – angesichts der zeitlichen Verzögerung, die bei der Veröffentlichung wissenschaftlicher Publikationen üblich ist, erfahren, was augenblicklich richtig und wichtig ist?

- Die **Statuszuweisungs-Funktion** – das informelle Statusgefüge einer Wissenschaftsdisziplin bedarf der laufenden Anpassung. Dem Kongreß kommt dabei zentrale Bedeutung zu. Es besteht ein dialektischer Wechselzusammenhang: Status steuert den Kongreßauftritt, der Kongreßauftritt seinerseits steuert Status.

- Die **Karriere-Funktion** – neben der Zahl der Publikationen und der Positionierung im Zitierindex ist erfolgreiche Selbstdarstellung auf Kongressen – so ermittelte Prof. Wolfgang Droege – die wichtigste Bestimmungsgröße akademischen Vorankommens.[5]

Neben diesen primären Funktionen weist die/der Kieler Wissenschaftler/in noch als sekundäre Funktionen nach:

- Die **Forum-Funktion** – der Kongreß als Plattform der wissenschaftlichen Diskussion.

- Die **Journal-Funktion** – der Kongreß als Informationsbörse über die neuesten, noch nicht publizierten Forschungsergebnisse.

---

5 W. Droege: Quantitative und qualitative Bestimmungsgrößen akademischer Karrieremuster, Mannheim 1988.

- Die **Agora-Funktion** - die Konstituierung von Gremien und Lobbies wird nicht zuletzt auf Kongressen bewältigt.

Eine Faktorenanalyse, mit der die/der Forscher/in ihr/sein Material strukturierte, ergab, daß das gegenwärtige Kongreßangebot vor allem den primären Funktionen weitgehend angepaßt ist, wenngleich auch das Nebeneinander unterschiedlicher Funktionen - die/der Wissenschaftler/in sprechen von 'Funktionsmix' - doch immer noch eine Reihe von Schwierigkeiten aufwirft.

Die Grundproblematik der Kongreßbetriebswirtschaft läßt sich dabei auf folgende Formel bringen: Wie bietet man einer möglichst großen Zahl von Wissenschaftlern/innen möglichst günstige Gelegenheiten zur Selbstdarstellung unter möglichst angenehmen Bedingungen und unter möglichst weitgehender Berücksichtigung des bestehenden Statusgefüges der Wissenschaftsdisziplin.[6]

So einfach diese Formel scheinen mag, so umreißt sie doch ein Grunddilemma der Kongreßbetriebswirtschaft: Wie läßt sich die Zahl der Darsteller/innen steigern ohne den Wert der Auftritte zu entwerten. Qualität und Quantität stehen ja, wie so oft, auch hier in einem Spannungsverhältnis.

Nun hat die Kongreßbetriebswirtschaft in Theorie und Praxis in den letzten Jahren beachtliche Fortschritte bei der Lösung dieses Dilemmas gemacht. Nicht nur konnte das Kongreßangebot ausgeweitet werden, es gelang auch, die Zahl der Darsteller/innen pro Kongreß beträchtlich zu steigern.[7]

---

6 Eine Schwäche dieser Formel ist, daß die familiale Funktion in ihr nicht angesprochen wird. Es läuft gegenwärtig ein Antrag bei der Deutschen Forschungsgemeinschaft für eine Vorstudie, die dieses Defizit konzeptuell aufarbeiten soll. Informationen hierzu durch Prof. Dr. H.H. Dampf, Zentrum für interaktiven Wissenschaftsbetrieb (ZIW), Universität Bielefeld.

7 Die Mittel zur Förderung der Kongreßtouristik in der BRD stiegen in der Dekade von 1970 bis 1980 von 386 Mio auf 1327 Mio, d.h. von

Die theoretischen Grundlagen hierzu wurden nicht zuletzt am Institut für Soziosophie (Bad Bockenheim) erarbeitet. Eine zeitökonomische Analyse der Problematik vermittelte die Erkenntnis, daß der eigentliche Engpaß für wissenschaftliche Selbstdarstellung auf Kongressen die für die Auftritte zur Verfügung stehende Gesamtzeitmenge („Präsentationsvolumen") ist. Es gelte also, so folgerten die Wissenschaftler/innen, durch die Kongreßgestaltung hier Ausweitungsmöglichkeiten zu schaffen.[8]

Eine solche Ausweitung des Präsentationsvolumens pro Kongreß bei nur unwesentlicher Ausdehnung der durchschnittlichen Kongreßdauer wurde durch die Einführung neuer Verfahren und Techniken der Kongreßbetriebswirtschaft ermöglicht.

Hierzu gehören zunächst einmal der Kollektiv-Auftritt (Podiumsgespräch, Symposium, Panel etc.), durch den eine Vervielfachung der Selbstdarstellung pro Zeiteinheit gewährleistet wird. Zwar haben diese Kollektiv-Auftritte den Nachteil, daß sich mehrere Darsteller/innen die Bühne teilen müssen. Dieser Nachteil wird jedoch durch den sogenannten Aura-Effekt aufgewogen: Das auf dem Podium versammelte Gesamtprestige kommt jedem/r einzelnen Darsteller/in zugute, wenn natürlich auch nur in abgestuftem Umfang.[9]

397,50 DM pro akademischen Wissenschaftler auf 578,00 DM. Der von der Interessengemeinschaft Wissenschaft angestrebte Richtsatz von 83,00 DM pro Steuerzahler/in der Bundesrepublik konnte jedoch noch nicht annähernd erreicht werden. Hoffnungsvoll stimmt allerdings, daß die Deutsche Forschungsgemeinschaft dabei ist, eine Touristikabteilung einzurichten zur Beratung und Betreuung der zahlreichen Kongreßbesucher/innen, deren Reisen sie finanziert, um deren Wünschen optimal entsprechen zu können.

8 H. Gschaftler, J. Alert: Zeitökonomie und Kongressbetrieb, Frankfurt 1985.

9 Im Widerspruch hierzu steht allerdings die von Prof. B. Primus vertretene These, daß der Wert von Kollektivauftritten für den Wissenschaftsbetrieb vor allem in der Möglichkeit zur kontrastierenden Selbstdarstellung

Als Vorteil der Kollektiv-Auftritte wird auch angesehen, daß für den/die Einzeldarsteller/in zeitraubende Vorbereitungszeit, die sich ja bei Einzelauftritten bisweilen nicht ganz vermeiden läßt, weitgehend entfällt. Voraussetzung hierzu war allerdings die Übernahme des im Lehrbetrieb der Hochschulen erprobten Darstellungsstils der freien Assoziation.[10]

Eine weitere Spielart des Kollektiv-Auftritts ist das Ensemble-Referat, bei dem eine Gruppe von Wissenschaftlern/innen sich den Auftritt teilen. Konnte zwar auch hier das Ziel der Vermehrung der Selbstdarstellungsmöglichkeiten erreicht werden, so blieb doch meist die Rollenzuweisung ein Problem: Wer darf wieviel präsentieren? Die auf dem Ersten Absurdologischen Kongreß praktizierte Lösung, alle Darsteller/innen im Chor vortragen zu lassen, scheint da ein durchaus interessanter Lösungsansatz, durch den solche Rollenkonflikte umgangen werden könnten.

Erwähnenswert erscheint auch die von den Professoren Streng und Fröhlich entwickelte Methode des symbiotischen Auftrittes, nach der grundsätzlich bei Referaten dieser Wissenschaftler beide Namen angekündigt werden, wobei offen bleibt, wer tatsächlich auftritt. Diese Methode ist zwar quantitativ den bereits beschriebenen Techniken unterlegen, führt jedoch immerhin zu einer Verdoppelung der in den Kongreß-programmen ausgedruckten Namen.

Eine wesentlich stärker ins Gewicht fallende Ausweitung des Angebots an Selbstdarstellungsmöglichkeiten wurde erreicht durch die Vermehrung der Zeremonial-Auftritte. Die Auftritte der Referenten/innen wurden eingebettet in eine Rahmenhandlung. Neben der Rolle der/des eigentlichen Dar-

---

liegt, durch die die Statusunterschiede transparent gemacht werden könnten. Vgl. B. Primus: Meine 99 Kongreßauftritte, München 1983.

10 Prof. W. Langenredner, Wien, hat diese Methode sehr treffend mit jener der Jazzmusiker/innen verglichen, die bei ihrem Jam-Sessions ein Thema in freier Improvisation in immer neuen Variationen paraphrasieren.

stellers/in bzw. der/des Referentin/en wurde eine Vielzahl weiterer Rollen geschaffen – die/der Kieler Wissenschaftler/in bezeichnen sie als zeremoniale Rollen: Die/der Vorsitzende, die/der Halbtagsvorsitzende, die/der Ehrenvorsitzende, die/der Berichterstatter/in, die/der Moderator/in, die/der Rapporteur/in etc.[11]

Die Vorzüge solch zeremonialer Auftritte liegen auf der Hand: Sie beanspruchen relativ wenig des zur Verfügung stehenden Präsentationsvolumens und keinerlei Vorbereitung. Es kann also durchaus als Fortschritt angesehen werden, daß in den letzten Jahren der Anteil der zeremonialen Auftritte sich ständig erhöht hat, wie eine Erhebung des Instituts für Datalogie, München, ergab.[12]

Eine weitere Ausweitung persönlicher Profilierungsmöglichkeiten durch den Kongreßbetrieb wurde mit dem Rollenbild der/des Regisseurs/in geschaffen – jener Wissenschaftler/innen, die mit der Vorbereitung des Kongresses in Zusammenhang gebracht werden können. Eine dramatische – man ist versucht, als Steigerung zu sagen 'dramaturgische' – Vervielfachung der Regierollen wurde durch die Schaffung von Gremien erreicht, durch die jeweils die Namen zahlreicher prominenter Wissenschaftler/innen mit dem Kongreß in Verbindung gebracht werden konnten.[13]

Insgesamt haben diese Fortschritte der Kongreßbetriebswirtschaft dazu geführt, daß die Zahl der in Kongreßprogrammen ausgedruckten Wissenschaftler/innen von 1980 bis

---

11 Beim Internationalen Deutologenkongress in Rio wurden z.B. folgende Rollen eingeführt: Chairperson, Convenor, Organizer, Papergiver, Discussant, Supplementary Papergiver, Rapporteur.

12 M. Alleszaehler: Kongreßbarometer 1990, München 1991.

13 So wurden bei dem Internationalen Deutologenkongreß für die Regisseure/innen acht unterschiedliche Gremien geschaffen: Commission of honour, Great Hommage, Executive Committee, Committee of Politics and Information, Program Committee, Editor Committee, Organizing Committee – jeweils mit einer Vielzahl von Einzelpersonen.

1990 um 396,3 % gesteigert werden konnte; dem steht eine Zunahme von nur 201 % bei den Teilnehmern/innen gegenüber.

Ein vorläufiger Gipfelpunkt wurde mit dem Internationalen Deutologenkongreß in Rio erreicht, bei dem es gelang, 1433 Namen im Programm unterzubringen (257 Regisseure/innen, 197 zeremoniale Rollen, 1168 Darsteller/innen).[14] Vergleicht man hiermit die 248 Namen, die im Programm des Kongresses der Deutschen Gesellschaft für Pseudologie in Bamberg ausgedruckt sind, so wird deutlich, wie weit der deutsche Wissenschaftsbetrieb auch hier zurückliegt.[15]

Hat also die Kongreßbetriebswirtschaftslehre beachtliche Fortschritte in der Bewältigung der quantitativen Problematik des Kongreßbetriebes gemacht, so wurden damit zugleich allerdings neue qualitative Schwierigkeiten aufgeworfen. Mit der Ausweitung der Zahl der Auftrittsmöglichkeiten droht – wie bei jeder Inflation – die Entwertung: Selbstdarstellung vor wem?[16]

An sich sollte man annehmen, daß angesichts der vielfältigen primären und sekundären Funktionen der Kongreßdarbietungen ein ausreichender Besuch gewährleistet sei. Dies, zusammen mit dem Strom öffentlicher Mittel, hat den Typus der/des habituellen Kongreßbesucher/in geschaffen.[17] Ist auf

---

14 Mehrfachnennungen!

15 Hoffnung versprechen allerdings hier die auf dem ersten Absurdologischen Kongreß gesammelten Erfahrungen, der ja unter dem Motto „Darstellung der Wissenschaft – Selbstdarstellung der Wissenschaftler" stand und die erklärte Zielsetzung der Maximierung der Auftrittsmöglichkeiten der Teilnehmer/innen hatte. Vgl. hierzu Otto Wunderlich: Der Erste Absurdologische Kongreß – Erfahrungen und Lehren, München 1992.

16 So war bei den meisten Vorführungen auf dem Internationalen Pseudologenkongress die Zahl der Anwesenden praktisch identisch mit der Zahl der Auftretenden.

17 Vgl. hierzu Emmerich Frank: Alle Jahre wieder, Innsbruck 1976. Amerikanische Ausgabe: They always come back, Atlanta 1977.

diese Weise zwar ein ausreichender Besuch der Kongresse ohne weiteres sichergestellt, so wird doch die Rezeption der Darbietungen durch das Publikum zunehmend zum Problem. Gut besuchte Kongresse bedeuten nicht notwendigerweise auch gut besuchte Darbietungen.

Die beim Ersten Absurdologischen Kongreß praktizierte Methode, sich vom Arbeitsamt Zuhörer/innen vermitteln zu lassen, kuriert nur am Symptom und erscheint nur in Zeiten der Unterbeschäftigung praktikabel. Wirtschaftlicher und wissenschaftlicher erscheint die vielfach geübte Praxis, Studenten/innen der örtlichen Universität in die einzelnen Aufführungen abzuordnen, wobei hier als zusätzlicher Vorteil eine bessere Transparenz des Statusgefüges der Fachdisziplin erreicht wird. Je nach Status der/des Darstellers/in wird die Zahl der Zuschauer/innen festgelegt. Die Ausweitung der Auftrittsmöglichkeiten beinhaltete ja die Gefahr, daß die Abbildung der Statushierarchie nicht mehr mit der wünschenswerten Deutlichkeit sichergestellt war.

Dieser Gefahr suchte man unter anderem durch eine Stratifizierung der Darbietungen zu begegnen. So unterschied das Programm des Internationalen Deutologenkongresses folgende Kategorien von Darbietungen: General Session, Session of the Main-Program, Sessions of the Research Committee, Sessions of the Study Groups, Special Sessions, Program Sessions. Eine Befragung der Kongreßbesucher/innen ergab allerdings, daß die hierarchische Abstufung der Darbietungsformen nicht mehr von allen Teilnehmern/innen nachvollzogen wurde.[18]

Richtungsweisend erscheint hier wieder der Weg, den die Veranstalter des Ersten Absurdologischen Kongresses einschlugen: Sie übertrugen Klassifizierungen aus dem Motor-Rennsport auf ihr Veranstaltungsprogramm: Formel I, Formel II, Formel III, Gran Tourismo, Enduro, Cross Country und Old-

18 Vgl. M. Alleszaehler: Kongreßbarometer 1982, München 1983.

timer. Mag auch die Übernahme einer Klassifizierung ausgerechnet aus dem Motor-Rennsport fragwürdig erscheinen, so ist hier doch ein mutiger Ansatz, Klarheit zu schaffen, nicht zu verkennen, zumal die terminologische Adaption auch das Interesse möglicher Sponsoren wecken dürfte.

Geeigneter und konsequenter noch erscheint der Kieler rollentheoretische Ansatz, der die Stratifizierung über die Darsteller/innen versucht:

Superstar	– eröffnet internationale Kongresse
Star	– eröffnet nationale Kongresse
Hauptdarsteller	– springt für die Stars ein und referiert im Plenum
Darsteller	– referiert in Arbeitsgruppen
Kleindarsteller	– liefert Diskussionsbeiträge
Zeremonienmeister	– nimmt an der Rahmenhandlung teil
Statist	– füllt den Saal.[19]

Erwähnenswert schließlich erscheint auch der im Rahmen des Ersten Absurdologischen Kongresses unternommene Versuch, die Stratifizierung der Referenten/innen über die Kleiderordnung transparent zu machen (z.B. kurze Hosen für Ersatzreferenten, Krone und Zepter für den Großen Mann, Livreen für die Darsteller mit zeremonialen Rollen).

Bedenklicher noch als die mangelnde Transparenz des Statusgefüges im Kongreßgeschehen erscheint allerdings die nachlassende Aufmerksamkeit des Publikums. Grundsätzlich stehen ja wissenschaftliche Kongresse vor der Problematik, daß wirksame Selbstdarstellung auch des Publikums bedarf. Es ist nicht zu verkennen, daß für Wissenschaftler/innen, insbesondere aus dem Hochschulbereich, die Rolle der/des Zuhörers/in beträchtliche physische und psychische Schwierigkeiten bereitet.[20] Zusätzlich brachte die Verbreitung der Methode

---

19 Vgl. Alert, Bluff, a.a.O., S. 533.

des Standardreferats, die Zunahme zeremonialer Auftritte, die häufig noch etwas herbe Selbstdarstellung von Erstdarstellern/innen eine deutliche Verringerung des Unterhaltungswertes von Kongressen.[21]

Damit gerät letztlich auch der Zweck der Kongresse in Gefahr: Selbstdarstellung vor einem unwilligen, unaufmerksamen oder gar ungläubigen Publikum führt sich selbst ad absurdum. Hier ist Abhilfe zu schaffen und die Kongreßbetriebswirtschaftslehre gefordert! Bisher liegen jedoch nur Lösungsversuche auf individueller Basis vor.

So ließ sich Prof. R. Plauderer – mit Förderung der DFG – in einem Schnellkurs von Dieter Hildebrandt in Conference-Technik ausbilden. Leider blieb dieses mutige und richtungsweisende Experiment bislang ein Einzelfall. Selbst die erfreulichen Folgen – Prof. Plauderer rückte zu einem der gefragtesten Kongreßeröffner auf und wurde fast in die Kategorie der Superstars eingestuft – haben bislang nicht zur Nachahmung angeregt.[22]

Überwiegend positiv aufgenommen wurde der auf dem ersten Absurdologischen Kongreß unternommene Versuch, Darbietungen der Wissenschaftler/innen Schauspielschülern/innen zu übertragen. Dies hat den Aufmerksamkeitskoeffizienten um 37,3 % gesteigert, den Verständniskoeffizienten

20 Vgl. hierzu M. Wirrlein: Die postkongressionale Depression, Bielefeld 1967.
21 M. Alleszaehler: Kongreßbarometer 1981, München 1989. Prof. Dr. Claus Binschondas Titel: Ich tanzte auf 100 Kongressen, Bielefeld 1984, irritiert hier. Unsere Nachfrage beim Verlag ergab allerdings, daß der Titel bildlich gemeint ist, er soll die tänzerische Virtuosität des Kongreßverhaltens von Prof. Binschonda ausdrücken, nicht etwa besondere Ausgelassenheit.
22 Prof. Plauderer hat seine Erfahrungen in einem lesenswerten Bericht festgehalten: Wissenschaftliche Assoziation kann auch scherzhaft sein, Pseudologica Heft 7/1988, S. 173-211.

sogar um 43,8 %.[23] Zu einem – wie die Veranstalter/innen mitteilen, allerdings kalkulierten – Fiasko geriet die Mischung von ernstgemeinten Darbietungen, Parodien und blankem Unsinn. Das Publikum zeigte sich nicht gewillt, zwischen den unterschiedlichen Darbietungsformen zu unterscheiden.[24]

Ein Problembereich, der mit der zunehmenden Perfektionierung der Kongreßbetriebswirtschaft in den Vordergrund trat, ist das Zeitmanagement der professionalisierten Kongressionalisten/innen. Gemeint ist damit nicht so sehr die notwendige Vorbereitungszeit für die Auftritte – diese wurde ja mit der Flexibilisierung des Standardreferats durch die modulare Bausteintechnik bzw. durch den Gebrauch der assoziativen Methodik weitgehend reduziert.[25] Jedoch allein die physische Präsenz wurde mit dem Ausbau des Kongreßbetriebs zunehmend schwieriger. Wir wollen hier einige individuelle Lösungsversuche dieses Präsenzproblems vorstellen.

Prof. H. Thesenschmied ließ seine Referate durch eine/n Assistentin/en verlesen – was allerdings bei gleichrangigem Publikum auf Unwillen stieß und deshalb nur bei B- oder C-Auftritten möglich war.

Prof. L. Gierich ließ sich – angeregt durch Berichte aus Poona – durch Videobänder darstellen. Aber auch diese Methode wies dieselbe Problematik auf wie das Thesenschmied-Verfahren.

Erfolgreicher und ansprechender erwies sich das von Prof. J. Überall praktizierte Verfahren, sich durch ein Double vertreten zu lassen. Dieses erfüllte seine Rolle so gut, daß lange

---

23 O. Wunderlich: Der Erste Absurdologische Kongreß – Erfahrungen und Lehren, München 1992.

24 O. Wunderlich, a.a.O., S. 321.

25 So konnte Prof C.F. Jenseits mit seinem Vortrag „Die informierte Gesellschaft" auf 87 Kongressen auftreten, in dem er das Thema in immer neuen Kombinationen an Beispielen und Überlegungen aus seinem Spezialgebiet, der Deutologie des Kreuzworträtsels, abhandelte.

Zeit unklar blieb, wo Prof. Überall persönlich und wo sein Double auftrat. Erst durch eine Indiskretion des Double-Darstellers, der das in ihn gesetzte Vertrauen enttäuschte, war dann eine Identifikation möglich.[26]

Richtiges Zeitmanagement hat dabei auch einen Statusaspekt: Die Dauer der Anwesenheit auf einem Kongreß kann als Indikator für den Platz im wissenschaftlichen Statusgefüge betrachtet werden. Die 'Große Frau'/der 'Große Mann' erscheint erst zu ihrem/seinem Auftritt und ist danach nach kurzer Zeit wieder verschwunden. Die/der noch nicht ganz große Frau/Mann ist zwar länger anwesend, aber nicht in den Vorführungen zu finden, sondern auf den Gängen des Kongreßgebäudes. Immer ist sie/er auf dem Wege zu einer Verabredung oder kommt von einer. Besucht sie/er ausnahmsweise eine Aufführung, so kommt sie/er zu spät und verläßt diese vorzeitig wieder.

Versuchen wir abschließend einen Blick in die Zukunft zu werfen; es sind ja Befürchtungen geäußert worden, gerade die Perfektionierung könne langfristig zu einer Gefährdung des Kongreßbetriebes führen. Auch wurde die Frage aufgeworfen, inwiefern denn der Kongreßbetrieb zum Fortschritt des Wissenschaftsbetriebes beitrage. Ich halte solche Befürchtungen, ja schon eine so gestellte Frage für grundsätzlich falsch: Kongreßbetrieb *ist* Wissenschaftsbetrieb. Im Kongreßbetrieb kommt der Wissenschaftsbetrieb recht eigentlich zu sich. Insofern ist Skepsis gegenüber der Zukunft kaum angebracht.

Eher erscheint Skepsis angebracht gegenüber futurologischen Konzepten, etwa dem des Telekongresses. Schließlich: Wo wird die Forderung, der Mensch solle im Mittelpunkt

---

26 Vgl. hierzu Max Müller: Ich war Überall, Frankfurter Rundschau 16.3.1985, S. 7-9, sowie die Entgegnung von Prof. J. Überall: Ich bin Überall, in: „Pseudologica", Heft 13/1986, S. 3-56.

stehen, besser erfüllt als auf Kongressen. Selbstdarstellung wird auch in Zukunft die ureigenste Domäne des/der Wissenschaftlers/in bleiben – die Technik kann ihm/ihr hierbei zwar helfen, ihn/sie aber nicht ersetzen. Solange Wissenschaft bleibt, wie sie ist, und solange Wissenschaftler/innen bleiben, wie sie sind, müssen uns auch Kongresse in ihrer heutigen Form erhalten bleiben.

Stauber

Die Köpfe des Modigliani

Authentizität durch Expertise

Massimo Dilletantini[27]

Am 24. Juli 1984 fischte ein Bagger aus dem Schlamm der Fossa Reale in Livorno die Büste eines Mannes, zwei Tage später wurden zwei weitere Skulpturen aus dem Kanal ans Tageslicht befördert.

Die Funde waren kein Zufall, sie waren Ergebnis einer gezielten Suche. Anlaß war ein altes Gerücht: der Bildhauer Amedeo Modigliani,[28] ein Sohn Livornos, habe 1909 während

---

27 Prof. Massimo Dilletantini ist Direktor am Centro per la Ricerca del Arte (CRA), Lucca, und Präsident der Associazione Scientifica ad Uso Generale (ASUG).

28 Amedeo Modigliani, Maler und Bildhauer, * Livorno 12.2.1884, † Paris 25.1.1920. „Lebte seit 1906 meist in Paris, gehörte zur Ecole de Paris. Neben frühen fauvist. Porträts entstanden durch die Freundschaft mit C. Brancun plast. Arbeiten (seit 1909). Nach 1910 fand M. zu einem eigenen Porträtsstil: v.a. Akte und Köpfe von Mädchen, deren durch

eines Besuches in seiner Heimatstadt Livorno nach einer durchzechten Nacht und aus Verärgerung über seine künstlerischen Mißerfolge mehrere Skulpturen in das trübe Wasser des Stadtgrabens geworfen.

Da sich 1984 der Geburtstag Modiglianis zum hundertsten Male jährte, hatte die Direktorin des Livorneser Stadtmuseums beschlossen, eine möglichst vollständige Ausstellung der Werke des seinerzeit in seiner Heimat verkannten Künstlers zu veranstalten. Dabei ließ ihr der Gedanke keine Ruhe, daß im Schlamm auf dem Grunde der Fossa Reale mehrere seiner Meisterwerke schlummern könnten. Also redete die Museumsdirektorin so hartnäckig auf die Stadtverwaltung ein, bis diese nachgab und einen Schwimmbagger im Stadtgraben arbeiten ließ.

Einige Tage später jubelte ganz Livorno: Am 24. Juli wurde ein erster Modigliani-Kopf aus dem Graben geborgen, am Tag darauf ein zweiter und wenig später ein dritter. Nachdem die impulsive Museumsdirektorin ihre „mathematische Gewißheit" über die Echtheit der beiden Skulpturen ausgedrückt hatte, fanden sich rasch weitere Experten, die ihr zustimmten. Der große Kunsthistoriker (und ehemalige Bürgermeister Roms) Professor Julio Carlo Argan beglaubigte die „unverkennbare Handschrift Modiglianis", und eine Reihe von Kunsthistorikern befand ebenfalls, die Skulpturen seien ohne Zweifel echt. Besonders der zweite Fund wurde als „überaus gelungen" bezeichnet, er besitze jene „innere Leuchtkraft", die den besten Arbeiten Modiglianis eigen sei.

Die berechtigte Freude der Kunstwissenschaftler und Kommunalpolitiker wurde allerdings getrübt, als sich drei Stu-

---

überlange Formen gesteigerter Ausdruck von lyrischem Reiz ist." In: Der Große Brockhaus, 18. völlig neubearbeitete Ausgabe, Wiesbaden 1979. Vgl. auch M. Dilletantini: Amedeo Modigliani – l'uomo e l'opera, Lucca 1977.

denten meldeten und einen der drei Köpfe als ihr Werk bezeichneten. Als Nachweis traten sie vor die Kamera des italienischen Fernsehens und demonstrierten, wie sie innerhalb von dreieinhalb Stunden die Skulptur gefertigt hatten. Kurz darauf behauptete der Hafenarbeiter Angelo Froglia, die anderen Skulpturen seien von seiner Hand. Als „Beweis" führte er einen Film vor, der ihn beim Anfertigen der beiden Köpfe zeigte.

Waren diese Vorfälle schon bedauerlich genug, schlimmer noch waren die Reaktionen, die sie auslösten. Eine Welle der Häme, des Spottes ging durch das Land. Nicht nur wurden tüchtige und ehrenwerte, als Experten ausgewiesene Wissenschaftler verunglimpft, man ging weiter, ins Allgemeine. Die Frage nach dem Wert kunstwissenschaftlicher Expertisen überhaupt wurde aufgeworfen, Parallelen zum Gutachterbetrieb bei Gerichten, in Politik und Wirtschaft wurden gezogen. Es wurde von dem „akademischen Bereitschaftsdienst" gesprochen, von „professoraler Kunst-Beflissenheit" und „auftraggebergerechter Gutachterei" – ein Aufstand der Laien zeichnete sich ab.

Solche Kritik war nicht nur bösartig, sie war auch unqualifiziert. Völlig verkannt wurden der Anspruch und der Auftrag, den kunstwissenschaftliche Gutachten, ja Kunstwissenschaft überhaupt zu erfüllen haben. Außer acht gelassen wurde die Verantwortung, die der Kunstwissenschaft aus den Erwartungen ihrer Auftraggeber zuwächst. Wer sonst als die Kunstwissenschaft soll entscheiden, was Kunst ist? So wie das auftraggebergerechte Gutachten im Prozeßbetrieb zur Aufrechterhaltung der Rechtlichkeit im höheren Sinne beiträgt, so liefert die erwartungsgerechte Expertise sozusagen das Öl im Räderwerk des Kunstbetriebs. Das Wort vom „akademischen Bereitschaftsdienst" – so hämisch und bösartig es gemeint sein mag – hat auf höherer Ebene durchaus seinen tieferen Sinn.

Es konnte doch nicht darum gehen, ob die Köpfe des Modigliani echt waren – dies war historisch gesehen eine eher marginale, zufällige Angelegenheit; aus kunsthistorischer, ja historischer Sicht war relevant, daß die Skulpturen hätten echt sein können, ja, unter Würdigung der Ausgangs- und Interessenlage, hätten echt sein müssen. Es gab die ergreifende Geschichte von dem Künstler, der an seinem Werk verzweifelt, es gab das Bedürfnis der Stadtväter nach Würdigung des Sohnes ihrer Gemeinde; und es gab auch die einsatzbereite Potenz kunstwissenschaftlicher Expertise.

Drei Köpfe aus dem Schlamm der Fossa Reale – königlicher Sumpf! – ans Licht gefördert, welcher Symbolkraft liegt in dieser Situation.

Nun hat die Geschichte, wie wir alle wissen, ein tröstliches Ende: Die Köpfe sind echt! Zu diesem Befund kam eine Expertenkommission von Kapazitäten der Universitäten Livorno (Prof. Marcantonio Zampano), Pisa (Prof. Marotta Pedantini), Lucca (Prof. Massimo Dilletantini) und Eichstätt (Prof. Anselm Übereifer) – unter gründlicher und verantwortungsbewußter Würdigung der Beweislage. Daß dabei den Aussagen prominenter Kapazitäten mehr Gewicht zugemessen wurde als den Äußerungen eines Hafenarbeiters und dreier Studenten – ausgerechnet Studenten, und noch dazu niedere Semester und nicht einmal Kunstwissenschaftler – erscheint selbstverständlich. Damit war nach den Wirren der vorangegangenen Diskussionen wieder Klarheit hergestellt.

Es erfüllt mich mit tiefer Genugtuung, daß sich die Direktion des Museums der Stadt Livorno zum Ankauf der Skulpturen entschlossen hat – „um der Sache der Kunstwissenschaft willen", wie es in der Ankaufsbegründung heißt.

Der – symbolische – Ankaufspreis von 27 Milliarden Lire geht in die Erstellung der Expertisen, durch die die Echtheit der Skulpturen abgesichert wurde.[29]

---

29 Inzwischen hat das „Livorno-Verfahren" seine Bewährungsprobe bei der Behandlung ähnlich gelagerter Fälle bestanden, etwa der „Sixtinischen Kapelle von Alava", jener 1990 entdeckten Höhlenmalereien in Spanien, die als eine der größten Entdeckungen des Jahrhunderts gefeiert wurden. Es gelang sogar, ihr Alter recht genau – auf 13000 Jahre – zu datieren. Der Entdecker, ein Kunststudent, wurde mit 160.000 DM belohnt. Bei einer zweiten Nachprüfung der Malereien erwiesen sich diese zwar dann als Fälschungen, angesichts der hohen künstlerischen Qualität der Malereien beschloß man aber, sie als Museum zu erhalten. Vgl. auch den Ankauf eines später als Fälschung bezeichneten Bildes von Ch.F. Daubigny durch die Bayerische Staatsgemäldesammlung und die souveräne Lösung des Falles durch den Bayerischen Kultusminister.

Der Aufwand heiligt die Mittel

Einige Vorschläge zur Sanierung des Projektgewerbes

Hasso von dem Kalck[30]

Dem Projektgewerbe droht die Krise. Diese Feststellung mag bei Kennern der Branche ein ungläubiges Lächeln hervorrufen, blüht doch der Projektbetrieb wie selten zuvor. Das Tief von 1990/91 ist überwunden, die Gelder der Auftraggeber fließen wieder. Tag für Tag verlassen Forschungsberichte die Bänder der Großinstitute in Köln, Stuttgart, Hameln, Berlin und Karlsruhe; die Manufakturen in Frankfurt, Tiefenbrunn und Fürstenfeldbruck produzieren nach wie vor ihre in mühevoller Kleinarbeit hergestellten Serienprodukte, und auch für das

---

30 Min.-Dirigent a.D. Hasso von dem Kalck war Unterabteilungsleiter im Bundesministerium für die Förderung des Projektbetriebes; er ist Ehrenvorsitzender der Stiftung zur Erforschung des Lebens, Bonn, sowie Träger der Ehrenkrawatte des Redekreises der Deutschen Wirtschaft (RKW).

Kleingewerbe der Berater fällt noch so mancher lukrative Auftrag ab.

Der Produktionsindex des Projektgewerbes dürfte 1993 das historische Hoch von 1987 (35 Millionen Seiten) nur knapp verfehlen. Das Gesamtvolumen der Projektbudgets übertrifft mit 3,623 Milliarden DM sogar jenes des Traumjahres 1987 (was allerdings bedeutet, daß der Produktivitätsindex leicht gesunken ist – von 0,96 Seiten pro Tausend DM Fördervolumen auf 0,92 Seiten pro T/DM. Bedenklicher noch könnte stimmen, daß der Rezeptions-Quotient – wie schon in den vorgegangenen Jahren – weiter gefallen ist, von 0,86 Leser pro 100 Berichtsexemplare auf 0,79 Leser).

Zeichen der Krise? Symptome eines übersättigten Marktes? Mitnichten. Wie Prof. Zaster und seine Mitarbeiter[31] in einer Untersuchung gezeigt haben, erfolgt die Produktion des Projektgewerbes weitgehend losgelöst von der Verwertung seiner Erzeugnisse.

Schon ein kurzer historischer Rückblick bestätigt dies. Dabei wollen wir der inzwischen klassischen Einteilung der Entwicklung des Projektgewerbes von Prof. Dr. Wotan Pein in eine euphorische, eine legitimatorische und eine ornamentale Phase folgen.[32] Waren in der euphorischen Phase, also jener frühen Periode der frohen Erwartung, in der die Forscher sich den Markt erschlossen, Enttäuschungen vorprogrammiert, so gewann in der folgenden, legitimatorischen Periode das Projektgewerbe nicht nur an Volumen, sondern auch an Selbstbewußtsein. Der hohe Bedarf jener Epoche des Reformeifers nach kritischer Affirmation durch die Wissenschaft sicherte dem Projektgewerbe stetige Zuwachsraten. Noch allerdings fehlte jene fundamentale Stabilität, die den heutigen Projekt-

---

31 E. Zaster, O. Unverfroren, R. Beutlschneyder: Zwischen Dynamik und Resilienz – das Projektgewerbe nach dem Fall der Mauer, Köln 1992.
32 W. Pein: Projektgewerbe in der postkommunikativen Gesellschaft, Düsseldorf 1986.

betrieb auszeichnet. Dies wurde erreicht mit dem Übergang in die ornamentale Phase. In dem Maße, in dem unsere Gesellschaft die Eierschalen des Reformeifers abstreifte und in den Zustand der Konsolidierung trat,[33] waren auch die Voraussetzungen für eine endgültige und dauerhafte Konsolidierung des Projektgewerbes gegeben.

Erst die damit verbundene Freisetzung von legitimatorischen Zumutungen, d.h. die Loslösung von gesellschaftlichen Verwertungszusammenhängen, brachte die Einlösung des alten Postulats der vollen, der existentiellen Freiheit der Forschung.

Die theoretische Fundierung dieses Anspruchs auf diese „existentielle Freiheit" der Forschung verdanken wir A. Bogus und I. Sham. In Anlehnung an Thorstein Veblens „Conspicuous Consumption"[34] entwickelten sie das Konzept der „Conspicuous Research".[35] Veblen konstatierte in seiner „Theory of the Leisure Class", daß „the conspicuously wasteful honorific expenditure that confers spiritual well-being may become more indispensible than much of that expenditure which ministers to the 'lower' wants of physical well-being or sustenance only".[36] Es gelang Bogus und Sham nachzuweisen, daß das Projektgewerbe eben dieser „honorific expenditure" zugerechnet werden könne. Sie leiteten daraus dessen besondere gesellschaftliche Funktion ab. Veblens „great economic law of wasted effort" folgend,[37] wird diese mit der Loslösung aus dem unmittelbaren ökonomischen Verantwortungszusammenhang begründet.

War damit auf makroanalytischer Ebene die gesellschaftliche Funktion der Projektbetriebswirtschaft befriedigend ab-

---

33 Vgl. A. Snipe: The Age of Complacency, Irvine, Cal. 1991.

34 T. Veblen: Theory of the Leisure Class, New York 1899, S. 81.

35 A. Bogus, I. Sham: Theory of Conspicuous Research, in: Postcommunications Quarterly 13/1986, S. 53-98.

36 Vgl. Veblen, a.a.O., S. 81.

37 Vgl. Veblen, a.a.O., S. 69.

geklärt, so fehlte doch bis vor kurzem noch die Einsicht in die ökonomischen und gesellschaftlichen Zusammenhänge, in denen sich die Wahrnehmung dieser Funktion vollzieht.

Hier haben die grundlegenden Arbeiten von Prof. Dr. Thomas Bosniggler und seiner Mitarbeiter Klarheit geschaffen.[38] Zentraler Angelpunkt der erstaunlichen Resistenz des Projektbetriebes gegenüber den Veränderungen in der politischen, ökonomischen und sozialen Landschaft ist, nach Bosniggler, das Budget. Budgets, so ergab seine Analyse in sieben Ressorts und zehn untergeordneten Dienststellen, entwickeln ihre Eigendynamik durch die Wechselbeziehung, in der sie mit den Karrierechancen der Ministerialen stehen. Die Verfügung über ein Budget verbessert die Aufstiegschancen von Beamten des gehobenen und höheren Dienstes signifikant, wie umgekehrt das Wachstum eines Budgets wesentlich vom Einfluß und der Durchsetzungsfähigkeit seines „Inhabers" abhängt.

Die Verteidigung und Ausweitung eines einmal erreichten Budgetrahmens gehört so zu den Grundmaximen öffentlicher Verwaltung, eine Maxime, die auch, so ergaben die Untersuchungen Bosnigglers, bei der Verwaltung von Projektbudgets voll Anwendung findet. Ohne Budgets keine Projekte, aber auch: ohne Projekte kein Budget.[39] Daraus erklärt sich letztlich auch, warum Ministerialbeamte, die dem Projektbetrieb mit erheblicher Distanz begegnen, denen schon die Lektüre eines Projektantrages, geschweige denn eines Projektberichts als Zumutung erscheint, sich mit so großem Nachdruck für die

---

38 Th. Bosniggler, G. Dolch-Hemisch, O.P. Devot: Die geronnene Macht – das Budget in der öffentlichen Verwaltung, München 1989.

39 Besonders deutlich konnte dieser Zusammenhang an der Vergabe der sogenannten „Sylvesterprojekte" demonstriert werden, also jener, die ihre Existenz den gegen Jahresende noch nicht ausgeschöpften Forschungsbudgets verdanken. R. Kiesgraber: Das Sylvesterprojekt und seine Bedeutung für einen geordneten Budgetbetrieb, Bonn 1987.

Steigerung der von ihnen zu vergebenden Projektmittel einsetzen.

Dieser „fiskalisch-personalwirtschaftliche Regelkreis"[40] verleiht dem Budgetbetrieb eine Eigengesetzlichkeit, die vor Steuerungsversuchen von außen weitgehend abschirmt[41] und die auch für die Stabilität des Projektbetriebes konstitutiv ist.

Zu dieser Stabilität trägt weiterhin auch die Abkoppelung vom Markt, d.h. der fehlende Verwertungsbezug bei. Damit allerdings endet die Analogie zur Conspicuous Consumption, ein Faktum, das sowohl Bogus und Sham wie auch Bosniggler übersehen: es wird ja nichts „verbraucht". Hier nun liegt die Krise des Projektgewerbes begründet: Produktion ohne Verbrauch führt zwangsläufig – wir kennen das Phänomen aus dem Bergbau und der Landwirtschaft – zu überfüllten Lagern, zu Halden, deren Aufnahmekapazität notwendigerweise irgendwann auf Grenzen stößt.

Lange Zeit konnte dieses Problem verborgen bleiben. Besonders in der legitimatorischen Periode der Projektwirtschaft gab es einen hohen Anteil von „Schubladenprojekten", die in den Schreibtischen der Auftraggeber verschwanden und insofern keine weiteren Verwertungsschwierigkeiten nach sich zu ziehen schienen. Die Aufnahmekapazität dieser Schubladen allerdings geht zu Ende, wie eine Überprüfung durch den Bundesrechnungshof ergab.

Prof. M. Hurtig, Direktor des „Instituts für Arbeitssomatik" (IfA), Gießen, machte den Vorschlag,[42] den Projektgewerbebetrieb durch „planned obsolence" nach dem Vorbild etwa der Automobilindustrie zu stabilisieren: Durch das Nachschieben geringfügig verbesserter Produkte können dem Bedarf

---

40 Th. Bosniggler et al., a.a.O., S. 573.
41 Vgl. hierzu auch: N. Simpleton Posh III: Budgeting Careers, Chicago 1983.
42 M. Hurtig: Innovative Redefinition – Forschen ohne Reue, Gießen 1992.

ständig neue Impulse verliehen werden. Prof. Dr. Hans-Henning Dampf hat dagegen zu Recht darauf hingewiesen, daß ein solcher Effekt bereits durch die „strukturelle Obsolenz" des Projektbetriebes gewährleistet sei. Die zunehmend lange Laufzeit der Projekte stelle eigenständig sicher, daß nur Produkte, die kaum noch aktuell seien, auf den Markt gerieten und so die Notwendigkeit von Anschlußprojekten konstitutiv gewährleistet sei.[43]

Vor allem hätte Hurtigs Vorschlag das Haldenproblem nicht gelöst. Konsequenter erschienen da schon zwei – allerdings sehr widersprüchliche – Vorschläge, die vom Innenministerium und dem Umweltministerium vorgelegt wurden: das Wegwerfprojekt einerseits, Recycling andererseits. Beide Vorschläge stießen jedoch sogleich auf Kritik. Die öffentliche Vernichtung der Produkte des Projektgewerbes wäre mit einer Entwertung verbunden, die mit ihrer „honorific function" kaum in Einklang zu bringen sei. Und wie sei das Recycling eines Artikels zu bewerkstelligen, der sich grundsätzlich der Verwertung entziehe?

Wenig erfolgversprechend und kaum praktikabel erscheinen auch Vorschläge, die an der Begrenzung des Ausstoßes anzusetzen suchen. So erwies sich sehr rasch, daß etwa die Anregung des Landwirtschaftsministeriums, auf das Instrument der Stillegungsprämien zurückzugreifen, kaum praktikabel sein dürfte. Die Zahlung einer Seitenrente, z.B. nach dem Muster der Milchrente, würde erhebliche Berechnungsschwierigkeiten aufwerfen wie auch unabsehbare Möglichkeiten des Mißbrauchs eröffnen. (Wie etwa wäre die Zahl der Seiten, die hätten geschrieben werden können, zu erfassen und zu gewichten?)[44] Vor allem ließ dieser Vorschlag die

---

43 H.H. Dampf: Ex und Hopp – eine Lösung wissenschaftlicher Überproduktion?, Bielefeld 1992.
44 Schon frühere Versuche, auf eine Begrenzung des literarischen Ausstoßes

Folgeprobleme unberücksichtigt, die mit einer solchen Ausstoßbegrenzung verknüpft wären, etwa die sozialen und vor allem psychischen Auswirkungen auf die im Projektgewerbe tätigen Wissenschaftler, deren Status, ja deren Identität nicht zuletzt auf der Zahl der produzierten Seiten basiert.[45]

Ein innovativer Vorschlag, das Ei des Kolumbus sozusagen, wurde wie so oft vom Bundesrechnungshof vor-gelegt. War allen anderen Vorschlägen die Schwäche gemeinsam, daß das Problem der Entsorgung offen blieb, so beinhaltete der Vorschlag hierzu eine ebenso einfache wie kostengünstige Lösung. Er sieht vor, die Produkte des Projektbetriebes zentral zu lagern – hier bietet sich der wohl langfristig leerstehende Juliusturm an – und nach ihrer jeweiligen Auftragssumme zu bewerten. Die so thesaurierten Milliardenwerte würden dann zur Deckung der Verschuldung des Bundes herangezogen. Der sich damit eröffnende Spielraum zur Neuverschuldung könnte zur Finanzierung des Projektbetriebes eingesetzt werden.

Damit wäre der in parlamentarischen Kreisen immer wieder erhobenen Forderung nach einem Projektbetrieb, der nicht nur sich selbst genügt, sondern sich auch selbst trägt, endlich Rechnung getragen.

---

hinzuwirken, erwiesen sich als wenig erfolgreich. Symptomatisch erscheint hier das Schicksal G.K. Pilz, der sein Leben nicht der Hervorbringung, sondern der Verhinderung literarischer Produkte gewidmet hat. „Seine Bedeutung", so stellt W. Hildesheimer in seiner Biographie bedauernd fest, „wird heute weit unterschätzt. Das ist nicht verwunderlich, denn er war weniger ein Schöpfer denn ein Dämpfer. Sein Beitrag zur Geschichte der abendländischen Kultur kommt in der Nichtexistenz von Werken zum Ausdruck, Werken, die durch sein mutiges, opferbereites Dazwischentreten niemals entstanden sind." W. Hildesheimer: Lieblose Legenden, Frankfurt a.M. 1962, S. 21.

45 Diese Folgeschäden waren schon bei dem Versuch des Bundesministeriums für die Förderung des Projektbetriebes (BMFP) erkennbar geworden, statt der Projektberichte nur dreiseitige Kurzfassungen abzufordern. Die Langfassungen wurden trotzdem produziert, das Haldenproblem somit nicht beseitigt.

Von der Irritation zur Selbstbestätigung

Auswirkungen des Professorenrankings

Michael Meier[46]

Als wir vor drei Jahren Fragebogen an ein paar hundert Kommilitonen an einigen Universitäten verteilten und sie aufforderten, die Leistungen ihrer Professoren zu beurteilen, ahnten wir nicht, in welches Wespennest wir stoßen würden. Als wir diese Aktion starteten, hatten wir ihr eigentlich keine besondere Bedeutung zugemessen und waren dann völlig überrascht von den Reaktionen, die wir auslösten: Empörung, Vorwürfe, Ironie.

Es wurde uns Anmaßung und Überheblichkeit vorgeworfen; damit werde der Wissenschaftsbetrieb „auf den Kopf" gestellt. Persönlich, so versicherten uns viele Professoren, begrüße man ja eine solche Beurteilung und sehe deren Ergeb-

---

46 Michael Meier ist Vorsitzender des Akademischen Gesangvereins der Georg-August-Universität, Göttingen.

nissen auch ohne Sorge entgegen, aus grundsätzlichen wissenschaftsethischen Gründen müsse man sie jedoch ablehnen.

Von außerhalb der Universitäten wurde unsere Aktion eher ironisch kommentiert: die Beurteilung eines lebenslänglich zur Lehre berufenen Beamten sei ein Widerspruch in sich, und es wäre doch wohl eher blauäugig, sich davon Ergebnisse zu erwarten.

Dieser Einschätzung schienen dann allerdings die Auswirkungen, die das Professorenranking im Hochschulbetrieb zeitigte, zu widersprechen. Zwar gab es Professoren, die auf ihre Beurteilung kaum reagierten. Da waren jene Deutologen, die zu tief in der Welt des ausgehenden 14. Jahrhunderts versunken waren, als daß sie dem Lehrbetrieb an der Universität Aufmerksamkeit hätten schenken können. Da waren jene Größen der Betriebsamkeitslehre, die voll davon in Anspruch genommen waren, in Rede und Schrift den Forderungen der Praxis nachzukommen. Und da waren jene Kapazitäten der Medizinischen Fakultät, die schon durch den Umgang mit Patienten professionell konditioniert waren, jegliche Beurteilung ihrer Tätigkeit zu ignorieren.

Ein nicht unbeträchtlicher Teil der Professoren allerdings reagierte eher empfindlich auf die – häufig nicht eben schmeichelhafte – Einschätzung ihrer Lehrtätigkeit. Es liegen uns eine Fülle von Berichten von Studenten vor, in denen diese, teilweise eher verstört, über Veränderungen im Verhalten ihrer Professoren berichten:

– so habe Prof. A.[47] das Manuskript seiner Vorlesung „Einführung in die Jugendpseudologie", das er seit dem Wintersemester 1961/62 weitgehend unverändert benutzt hatte, fast bis zur Unkenntlichkeit überarbeitet;

---

47 Ich verzichte hier aus begreiflichen Gründen auf die Nennung von Namen.

- Prof. B. habe offensichtlich in den letzten Semesterferien eine Reihe neuerer Veröffentlichungen seines Fachgebietes rezipiert;
- Prof. C. habe im letzten Sommersemester nur jede zweite Sprechstunde ausfallen lassen;
- Prof. D., der bislang nur bis zur zweiten Reihe des Hörsaales verständlich gewesen sei, könne man nun noch in der vierten Reihe recht gut verstehen;
- Prof. E., der seinen Assistenten in den letzten Jahren die Durchführung seines Hauptseminars voll überantwortet hatte, habe nun auch selbst bisweilen daran teilgenommen;
- Privatdozent Dr. F. habe die in liebenswerter Symbiose mit seinem persönlichen Lebensstil (er verbringt seinen Urlaub gerne in der Toskana) entstandene Vorlesung: „Eßgewohnheiten in der Region Volterra/San Geminiano im 18. Jahrhundert" durch die Einbeziehung von Florenz, Siena und Lucca deutlich erweitert. Auf die Hörerzahl (zuletzt drei) allerdings habe sich dies noch nicht ausgewirkt.

Daß diese Einzelbeobachtungen keine exotischen Ausnahmen waren, wurde dann durch die Ergebnisse der statistischen Evaluierung, die wir im letzten Sommersemester durchführten, bestätigt:

- So hat sich die Präsenz – d.h. die Zeit, die Professoren während des Semesters tatsächlich in der Universität verbringen, von 17,3 Stunden auf 19,7 Stunden pro Woche erhöht.
- Selbst „Fahrlehrer", d.h. jene Spagat-, Di-Mi-Do- und Hit-and-Run-Professoren, wie sie von ihren Studenten genannt werden, die nicht am Ort der Universität wohnen und deshalb ihre Präsenz auf das irgendwie mögliche Minimum verdichten müssen, waren nun durchschnittlich 13,3 Stunden statt bisher 8,9 Stunden in der Woche an der Universität anzutreffen.

- Deutlich verbessert hat sich die Erreichbarkeit. So stieg die Zeit, die Studenten während der ersten vier Semester mit ihren Professoren persönlich sprechen konnten, von durchschnittlich 4,3 Minuten auf 5,7 Minuten.
- Erheblich verkürzt hat sich bei den in die Beurteilung einbezogenen Professoren die Zeit, die sie für die Benotung der von ihnen betreuten Diplomarbeiten und Dissertationen benötigen (von 11,3 auf 8,5 Monate bzw. 13,5 auf 11,3 Monate).
- Dies führte nicht zuletzt zu der Verkürzung der effektiven Studiendauer um 14,7 Prozent.
- Dazu trug auch bei, daß in das Ranking einbezogene Professoren sich – zumindest bei mündlichen Prüfungen – zu einer deutlich günstigeren Benotung der Kandidaten verstehen konnten.

Auswirkungen des Professorenrankings

	vorher	nachher
Präsenz		
(in Std. pro Woche)		
Residents	17,3	19,7
Pendler	8,9	13,3
Erreichbarkeit		
(Minuten pro Semester)	4,3	5,7
Benotung		
Mündliche Prüfungen	2,8	2,1
Klausuren	3,1	3,2
Begutachtungsdauer		
(in Monaten)		
Diplomarbeiten	11,3	8,5
Dissertationen	13,5	11,3

Wie waren solche Reaktionen einer Berufsgruppe zu erklären, die es bislang besser als irgendeine andere verstanden hatte, sich gegen jeglichen Veränderungsdruck von außen abzuschotten und die auch Bedrohungen von Innen – etwa durch die sogenannte Studentenbewegung – fast spielerisch bewältigt hatte? Wir standen vor einem Rätsel und haben dies auch eingehend diskutiert.

Am überzeugensten schien mir persönlich der Erklärungsansatz eines Kommilitonen der Tiermedizin. Er verglich das Professorenranking mit jenen Parasiten, die deshalb so besonders gefährlich sind, weil sie die Struktur körpereigener Zellen nachahmen und sich so quasi unerkannt in den Körperhaushalt des Wirtes einblenden können. Ähnlich habe sich der „Lehrkörper", dessen eigentliches Lebenselexier ja das Prinzip der Beurteilung sei, zunächst gegenüber den „Parasiten" des Professorenrankings weitgehend wehrlos gezeigt. Derselbe Mechanismus, durch den man bislang die eigene Überlegenheit und damit Überlebensfähigkeit sichergestellt hatte, wurde fast zwanghaft übernommen und wandte sich nun selbstzerstörerisch gegen einen selbst.

Nun wissen wir ja heute, daß diese Verunsicherungen nur von kurzer Dauer waren. Erstaunlich rasch wurden Abwehrkräfte mobilisiert, die zu einer Restabilisierung des alten Selbstbewußtseins führten. Dazu trug – völlig konsequent und systemkonform – die Selbstbeurteilung bei. Unter Berufung auf die Tradition der Selbstverantwortlichkeit von Forschung und Lehre wurden die Professoren von ihren Dekanaten eingeladen, ihre Leistungen selbst zu benoten. Irritationen, Verunsicherungen, die das Professorenranking ausgelöst hatte, konnten so wieder beseitigt werden. Alma Mater hatte einmal mehr ihre bemerkenswerte Fähigkeit zur Selbstbestätigung bewiesen.

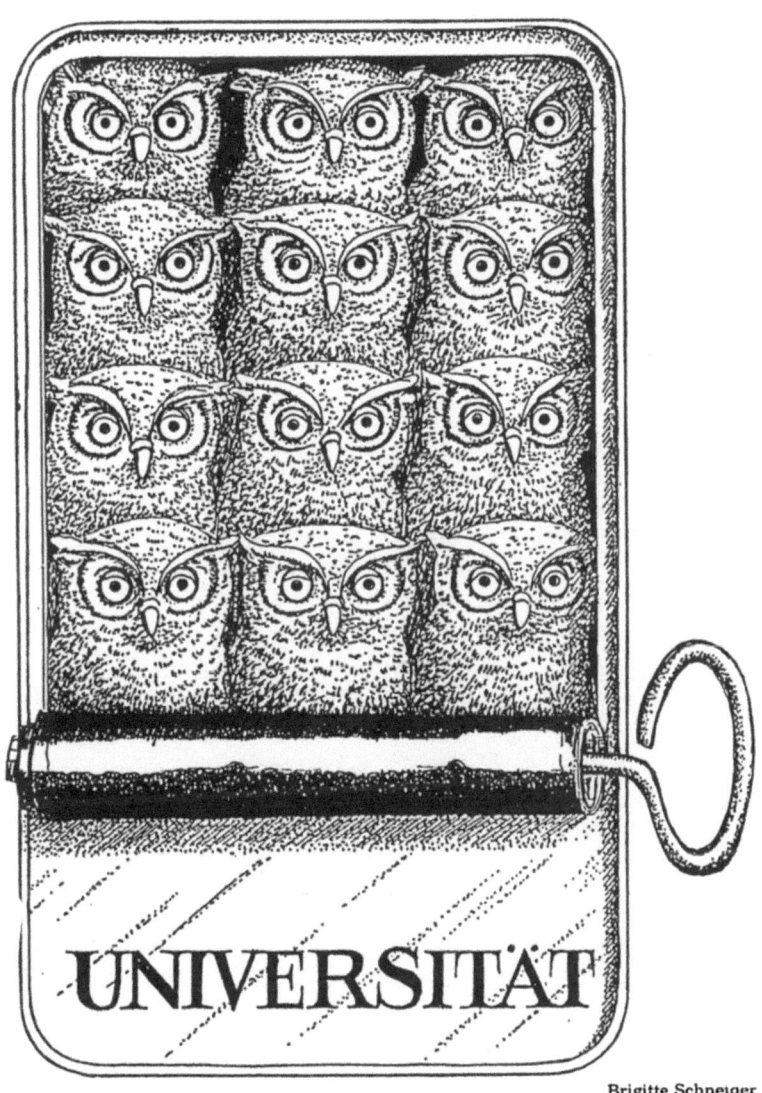

UNIVERSITÄT

Brigitte Schneiger

Von der Fiktion zum Schein

Zum Stand der Universitätsreform

Heinz-Hermann Harmlos[48]

Überfüllte – oder leere – Lehrsäle und Seminare, Professoren, die zur Lehre ausbilden sollen und selbst nicht zur Lehre ausgebildet sind; Studenten, die die Universität vorzeitig oder zu spät verlassen, die Seminar-, Diplom- oder Doktorarbeiten abfassen, deren Themen niemand interessiert, nicht mal sie selbst, ein Lehrbetrieb, der voll in sich ruht und so weitgehend den Bezug zu den gesellschaftlichen und wirtschaftlichen Erfordernissen außerhalb der Mauern der Universität verloren hat –, diese Beschreibung klingt wie eine Parodie, sie ist jedoch die Essenz eines Gutachtens, das die Beratungsfirma

---

48 Dr. H.-H. Harmlos ist Leiter der Abteilung „Organisation" im „Zentralinstitut für Hochschulbetrieb" (ZIH), München.

McKinsey im Jahre 1985 im Auftrag der Rektorenkonferenz angefertigt hat.[49]

Dieses Gutachten erregte verständliche Empörung – war doch diesmal der Hochschulbetrieb nicht Subjekt, sondern Objekt der Kritik – und es verschwand auch rasch in den Schubladen der Schreibtische seiner Auftraggeber, allerdings nicht, ohne vorher für Unruhe gesorgt zu haben. Der Stein – fast möchte man heute sagen, der Stein des Anstoßes – war ins Rollen gekommen.

Weitere Impulse erhielt die nun einsetzende Diskussion um die Reform des Hochschulbetriebs durch Prof. Dr. Rainer Maria Schleierhafts vielbeachtetes Buch: „Die freudlose Universität".[50] Die Auswirkungen dieser Arbeit waren beträchtlich, wenn auch gekennzeichnet durch ein Mißverständnis. Prof. Schleierhaft entwickelte in seinem Werk die These, der deutsche Hochschulbetrieb kranke an einer ungenügenden Verarbeitung der Lehren Freuds. In der Rezeption seiner Schrift ging allerdings deren tiefenpsychologische Dimension verloren, „Freudlosigkeit" wurde in einem sehr viel handfesteren Sinne (miß)verstanden, wohl unvermeidlich in unserer Zeit wissenschaftlicher Höchstproduktivität, wo der Titel für das Ganze stehen muß.[51]

Dieses Konzept der freudlosen Universität wurde nun aufgegriffen und weiterentwickelt von Prof. Dr. Hubert Feungeist.[52] Der Wurm, der am Herzen unseres Wissenschaftsbetriebs nage, so konstatierte er, sei die Verdrossenheit: Die

---

49 Es ist viel gerätselt worden, wie es zu diesen Auftrag kommen konnte. Die wohl stichhaltigste Erklärung ist in dem Umstand zu suchen, daß die Sitzung, in der der Auftrag zu den Gutachten im Gremium der Rektoren diskutiert und verabschiedet wurde, an einem Freitagnachmittag stattfand.

50 R.M. Schleierhaft: Die freudlose Universität, Tübingen 1987.

51 Vgl. hierzu auch M. Umtrieb in diesem Band, S. 29.

52 H. Feungeist: Die verdrossene Universität, Fulda 1988.

Verdrossenheit der Professoren angesichts der Studenten, die ihnen in den zu vollen oder zu leeren Hörsälen gegenübersitzen; die Verdrossenheit der Studenten angesichts dieser Professoren, die sie wortreich mit Wissen füttern, dem sie keinen Reiz abgewinnen können; die Verdrossenheit der Wissenschaftler gegenüber den seitenstarken Produkten ihrer Kollegen, die zur Kenntnis zu nehmen sie gezwungen werden, wollen sie nicht negative Auswirkungen auf ihre Positionierung im Zitierindex riskieren. In einer solchen Welt der Verdrossenheit, so das Fazit Feungeists, könne der Geist nicht blühen.

Damit war zwar der Finger auf die Wunde gelegt, nicht aber der Weg zu ihrer Heilung gewiesen. Dieser wurde aufgezeigt durch die Arbeiten einer Projektgruppe am Zentralinstitut für den Hochschulbetrieb (ZIH), München.[53] Eine Überwindung der Verdrossenheit, die auf dem Hochschulbetrieb laste, so lautete deren Resümee, sei nur möglich durch die Besinnung auf das Eigentliche.

Dieses „Eigentliche" sahen die Wissenschaftler im Schein gegeben: Ohne Schein kein Examen, ohne Examen kein Titel, ohne Titel kein Studium.[54] „Habe ich genügend Scheine?", so laute die bange Frage, die jeden Studenten im Laufe seines Studiums belaste wie nichts anderes. Der Schein wurde begriffen als die „Währung" des Hochschulbetriebs. Hier, so die verblüffend einfache und doch überzeugende Folgerung der Münchner Projektgruppe, gelte es anzusetzen – mit einer Währungsreform sozusagen. Ihre Forderung: die Schein-Universität, eine Universität also, die sich offen zu dem Prinzip

---

53 L. Ratlos, I. Reinfall, E. Daneben: Von der Fiktion zum Schein – ein Beitrag zur Neugestaltung des Lehrbetriebs, München 1987. Das Projekt wurde vom Bundesministerium für Bildung der Wissenschaft (BMBW) im Rahmen des Forschungsprogramms „Universität 2000" gefördert.

54 Vgl. auch B. Bierernst: Sinn und Tief-Sinn des Studiums, Band 17 der Schriftenreihe des Instituts für Tiefenkunde (IfT), Mespelbrunn 1991.

des Scheins bekennt – und dies auch in die Praxis ihres Lehrbetriebs kompromißlos umsetzt.[55]

Worin unterscheidet sich nun diese neue „Schein-Universität" von den traditionellen Hochschulen – wir könnten sie, in Anlehnung an Unterscheidung zwischen Gymnasium und Realschulen, die Real-Universitäten nennen? Von der Fiktion zum Schein, auf diese Formel brachten Ratlos, Reinfall und Daneben ihren Ansatz. Die so eifersüchtig gewahrte Autonomie des Hochschulbetriebes wie auch die Einheit von Forschung und Lehre, die unter den Bedingungen der postkommunikativen Gesellschaft immer mehr zur Fiktion gerieten, könne nur durch die Autonomie des Scheins, durch die Einheit von Lehre und Schein, gerettet werden.

Hier wird deutlich, daß die neuen Schein-Universitäten nicht als Gegenmodell zur alten Real-Universität verstanden werden dürfen, sondern letztlich als deren konsequente Fortentwicklung.

Im Rahmen der allgemeinen Schein-Reform der Universitäten soll auch die lang überfällige Neugestaltung der Namensgebung der Universitäten in Angriff genommen werden. Zur Diskussion steht vor allem die Umbenennung der sogenannten „Doppel-Namen"-Universitäten (Ludwig-Maximilian, Georg-August, Christian-Albrecht etc.). Gedacht ist an die Ehrung von Wissenschaftlern, die sich um den Wissenschaftsbetrieb besonders verdient gemacht haben, etwa A. Cagliostro,[56] N.N. Bleich,[57] K.F. v. Münchhausen,[58] K. May,[59] J. Law[60] und – last but not least – G.A. Potemkin.[61]

---

55 Eine Verwandtschaft mit den Scheinfirmen, in denen nichtvermittelbare Arbeitslose von den Arbeitsämtern umgeschult werden, ist selbstverständlich nur rein semantisch.

56 Alessandro, Conte de Cagliostro (al. Guiseppe Balsamo, 1743-1795), charismatischer Natur- und Geheimwissenschaftler, dem es gelang, vor allem Angehörigen der Oberschicht die Wissenschaften nahezubringen.

57 Narziss N. Bleich (1889-1963), Begründer der Emanationstheorie.

War mit diesen Analysen der entscheidende, gewissermaßen kopernikanische Schritt zu einer grundlegenden Neukonzipierung des Hochschulbetriebes getan, so galt es nun, diese in die Praxis umzusetzen. Hierbei konnten sich Ratlos und seine Kollegen auf das Modell der virtuellen Universität beziehen, das in den Vereinigten Staaten, vor allem im „Institute for Virtual Studies" an der Princeton University, in den letzten Jahren entwickelt worden war. Mit der Duplizierung des Hochschulbetriebes in den elektronischen Medien waren dort die Voraussetzungen für ein „Computer Supported Curriculum" (CSC), einem computerunterstützten Lehrbetrieb also, geschaffen worden.

Diese radikale mediale Transformation brachte zwar tiefgreifende inhaltliche Veränderungen des Lehrbetriebes mit sich,[62] sie ließ jedoch den institutionellen Rahmen der traditionellen Universität weitgehend unangetastet. Damit blieben aber eben jene Regelungen und Prozeduren weiterhin wirksam, die die angestrebte Konzentration auf den Schein behinderten. Die Überwindung dieser Restriktionen gelang den Forschern dank der Fortschritte auf dem Gebiete des Simulationsbetriebes.[63]

---

58 Karl Friedrich Hieronymus Freiherr von Münchhausen (1720-1797), Vorläufer der Absurdologie, bekannt u.a. durch sein Verfahren der Selbstverwirklichung (Zopf-Verfahren).

59 Karl May (1842-1912) machte sich vor allem durch seine anschaulichen Beschreibungen von Ländern, die er nicht bereist hatte, verdient.

60 John Law (1671-1729), genialer Finanzwissenschaftler („Money and Trade Considered" 1720), der wesentlich zur Belebung des Bankwesens im 18. Jahrhundert beitrug.

61 Grigorij Alexandrowitsch Potemkin, Fürst von Tauris (1739-1791), russischer Staatsmann und Philosoph („Potemkin-Prinzip").

62 Vgl. M. McLuhan: Understanding Media, the Extension of Man, New York 1964.

63 Vgl. etwa die Produkte des Maxis Company, Orinda, Calif.: „SimCity", „SimEarth", „SimAnt". Das neueste Produkt: „SimLife": „$ 69.5 list price; requires 2,5 megabytes of system memory and a hard drive. The

Mit dem Programm „UniSim", das die Projektgruppe in enger Kooperation mit Softlab, München, erarbeitete, und den in rascher Folge produzierten dezidierten Programmen (PseudoSim, BanalSim, DeutoSim, EpiSim etc.) wurde die Grundlage zur Einführung des „Computerintegrierten Curricularbetriebs" (CIC) geschaffen, d.h. zur weitgehenden Selbststeuerung, ja Automatisierung des Lehrbetriebs. Ohne daß wertvolle Arbeitszeit der Professoren beansprucht würde, können nun die Studenten ihr Studium absolvieren, Scheine inklusive. Das Ideal des schein-orientierten Hochschulbetriebs ist damit verwirklicht.

Nun blieben natürlich Zweifel und Kritik an der virtuellen Simulation des Lehrbetriebes an den neuen Schein-Universitäten nicht aus. Das Humboldtsche Ideal einer umfassenden Bildung werde pervertiert zu einem Computerspiel.[64] Dem wurde entgegnet, eben dieses Element des Spielerischen, das

---

software is available for MacIntosh. A version for DOS computers will follow 1993". Wichtige Anregungen lieferte auch das Militärwesen. In einer Zeit, in der es immer schwieriger wird, die Notwendigkeit eines Krieges nachzuweisen, stand der Militärbetrieb vor dem Problem, über lange Zeiträume hinweg so zu handeln, als stünde dieser unmittelbar bevor. Die Lösung dieses existentiellen Problems des Militärbetriebes war bekanntlich das Manöver. Zunehmend setzt sich die Erkenntnis durch, daß das Manöver gegenüber dem realen Krieg erhebliche Vorteile aufweist: nicht nur ist es wesentlich kostengünstiger, es läßt sich vor allem eine geregelte und zielgerechte Durchführung besser sicherstellen. (Oberst a.D. A. Hau: „Der Kalte Krieg – kann das Manöver den Krieg ersetzen?", Berlin 1967) Der vergleichsweise geringere Materialverbrauch und die sich daraus ergebenden nachteiligen Auswirkungen auf die Industrie können in Grenzen gehalten werden, da ja auch bei den Waffen das Prinzip der „Planned Obsolence" greift: Selbstvernichtung tritt an die Stelle der Fremdvernichtung. Es war nur konsequent, daß in jüngster Zeit die Frage aufgeworfen wurde: Brauchen wir die Manöver noch? Ist nicht die Verlagerung des Kriegsbetriebs in die elektronischen Medien die zeitgemäßere Lösung. Die entsprechenden Programme sind ja von der Freizeitindustrie bereits entwickelt, die entsprechenden Qualifikationen bei den Wehrpflichtigen vorhanden.

64 U. Muff, T. Muerrisch: Bilder statt Bildung – Folgen der Scheinreform, in: „Der Kanzler" 53/1991, S. 18-99.

dem virtuellen Studium eigen sei, trage zu der Überwindung jener Freudlosigkeit und Verdrossenheit bei, die den Lehrbetrieb in so hohem Maße gelähmt hätten.

Schwerer wiegt der Vorwurf, der schein-orientierte Lehrbetrieb führe zu einer Schattenwirtschaft, die sich einer Steuerung und Kontrolle der akademischen Institutionen weitgehend entziehe. „Besser Schattenwirtschaft als Schattendasein", entgegneten die Reformbefürworter und wiesen darauf hin, daß ja Schattenwirtschaften seit jeher sich durch besondere Anpassungsfähigkeit ausgezeichnet haben.[65]

Der Erfolg, so jedenfalls lassen sich erste Erfahrungen mit Pilotversuchen an mehreren Universitäten deuten, scheint den Optimismus der Reformatoren zu rechtfertigen. Die Studiendurchlaufzeiten werden erheblich verkürzt, der scheinspezifische Aufwand (Studientage pro Schein) dramatisch gesenkt, die Akzeptanz der „virtuellen" Studenten durch das Beschäftigungssystem ist ausgezeichnet, die Industrie signalisiert Interesse an dem neuen virtuellen Lehrbetrieb.

Einzelne Schwierigkeiten können als Kinderkrankheiten betrachtet werden, die bald überwunden sein werden. So wurde zwar der Lehrbetrieb an einigen Universitäten durch die Aktivitäten von Hackern zeitweise umfunktioniert; dies blieb jedoch ohne tiefgreifende Folgen auf die Zahl der erstellten Scheine.

Ein bislang ungelöstes Problem allerdings ist die Behandlung von Clones, d.h. die Nachahmung der Simulationsprogramme von Prestige-Universitäten durch niederrangige Einrichtungen, etwa Fachhochschulen.[66] Mit der anstehenden Ausdehnung des Copyrights auf Simulationsprogramme wird aber auch dieses Problem gelöst werden.

---

65 B. Primus, G. Denkerle: Scheinwirtschaft oder Schattenwirtschaft – der akademische Arbeitsmarkt nach der Scheinreform, München 1991.
66 So wurden in den Vereinigten Staaten bislang 17 Harvard-Clones erfaßt.

Eine letzte Frage bleibt noch zu beantworte: Wie gestalten sich Wirken, Funktion und Status der Professoren in der virtuellen Universität? Versuche, sie zur Erarbeitung der Simulationsprogramme heranzuziehen, erwiesen sich als unpraktikabel. Diese Aufgabe war von externen Fachkräften (Repetitoren etc.) überraschend schnell und kompetent gelöst worden, ehe die entsprechenden administrativen, qualifikatorischen und berufsständischen Abklärungen im Universitätsbereich abgeschlossen werden konnten. Im übrigen konnte sehr rasch nachgewiesen werden, daß auch im virtuellen Hochschulbetrieb eine Beschäftigung des wissenschaftlichen Personals im bisherigen Rahmen erforderlich sei. Gewisse Entlastungseffekte im Lehrbetriebs wurden durch Anforderungen, die sich aus den sich verhärtenden Konkurrenzbedingungen im Wissenschaftsbetrieb ergeben, mehr als kompensiert.[67]

---

67 O.E. Kreuch: Vom Beruf zur Berufung – der Weg nach C4, Konstanz 1993. Vgl. auch Umtrieb in diesem Band, S. 71.

IV. Festreden

Wissenschaft als Zitat

Festrede zur Eröffnung des Instituts für
Zitierbetriebswirtschaft (IZB) an der Universität
Bielefeld am 16. März 1989

Gregor Ableiter[1]

Verehrte Frau Prof. Wirrlein, liebe Kollegen,
  der Anlaß, der uns heute hier vereint, hat historische
Dimension. Mit der Gründung des Instituts für Zitierbetriebswirtschaft (IZB) an der Universität Bielefeld wird eine Lücke
geschlossen, die viele Wissenschaftler schon seit Jahren
schmerzlich empfunden haben: Trotz ihrer eminenten Bedeutung für den Wissenschaftsbetrieb fehlte der Zitatologie eine
Heimstätte. Der allgemein blühenden Zitierbetrieb an den

---

1 Prof. Dr. Gregor Ableiter ist Direktor des „Zentrums für interaktiven
  Wissenschaftsbetrieb" (ZIW), Bielefeld; Geschäftsführender Vorstand des
  „Pseudologischen Seminars" der Universität Bielefeld; Schriftführer des
  Wissenschaftlichen Beirats des „Instituts für Zitierbetriebswirtschaft".

deutschen Hochschulen, in den Instituten und Gelehrtenstuben entbehrte so letztlich der ordnenden Hand.

De facto ist die Zitatologie ja so alt wie der Wissenschaftsbetrieb selbst. Schon Duns Scotus sprach 1279 von dem furor zitandi der deutschen Thomisten.[2] Ist es nicht ein erhebender Gedanke, daß die modernste banalwissenschaftliche Veröffentlichung des Jahres 1993 durch eine ununterbrochene Kette der Zitatenfolge mit den Scholasten des Mittelalters verbunden ist? Verzeihen Sie mir den vielleicht etwas gewagten Vergleich mit Schnitzlers „Reigen", aber er drängt sich geradezu auf: Hier wie dort wird Kontinuität gewahrt!

Prof. Johann B. Deutend ist in seinem richtungsweisenden Werk „Zitat als Wissenschaft" eine deutologische Fundierung der Zitatologie gelungen.[3] Er begreift Wissenschaft als Zitat der Wirklichkeit, und er weist damit dem Zitat in der Wissenschaft eine moralisch-hermeneutische Zentralfunktion zu. Das Zitat wird ihm zum Eigentlichen, auf das sich Wissenschaft bezieht, er spricht von der „zitatzentrierten Wissenschaft".[4] In Abwandlung des bekannten Spruchs „The medium is the message" postuliert er: „Das Zitat ist die Wissenschaft". Ohne Zitat keine Wissenschaft, während sich sehr wohl ein Zitat ohne Wissenschaft denken läßt![5]

Je mehr die Wissenschaft sich auf das Zitat stützen kann – seinerseits ja bereits Produkt wissenschaftlicher Arbeit und wissenschaftlichen Denkens, also letztlich wissenschaftliches Substrat –, um so besser ist gewährleistet, daß nicht die Zufälligkeiten, man möchte fast sagen die Unreinheiten außerwissenschaftlicher Realität deren Aussagen und Befunde ver-

---

2 Vgl. Messner, R.: Schauendes und begriffliches Erkennen nach Duns Scotus, Leipzig 1942.
3 Deutend, J.B.: Wissenschaft als Zitat, Frankfurt a.M./New York 1975, insbes. S. 993-1107.
4 Deutend, a.a.O., S. 433.
5 Deutend, a.a.O., S. 777ff.

fälschen. Dies stellt natürlich insbesondere für die Pseudologie und die Banalogie eine unleugbare Gefahr dar, während die Deutologie schon durch ihr epiphänomenologisches Selbstverständnis hier weniger bedroht erscheint.

Nur die zitatzentrierte Wissenschaft gewährleistet die geschlossene, die reine Wissenschaft, d.h. eine Wissenschaft, die ganz in sich selbst ruht, die nicht durch die Einflüsse von außen gestört wird und die auch ihrerseits nicht auf die Rezeption von außen angewiesen ist.[6]

„Die Wissenschaft nährt sich von der Wissenschaft, die Wissenschaft nährt die Wissenschaft – und das Federwerk in diesem 'Perpetuum Nobile' ist das Zitat",[7] bringt Prof. Johann B. Deutend diesen Zusammenhang auf den Begriff.

Der Zitierbetrieb ist aber nicht nur die wissenschaftlichste, er ist auch die wirtschaftlichste Form der Wissenschaft. Er reduziert nicht nur den Recherchieraufwand bei der Erstellung wissenschaftlicher Texte – man denke allein an die Einsparung von Reisekosten –, er vermindert auch den Leseaufwand beträchtlich. Dem geübten Zitatologen erschließt sich ein Text sozusagen auf einen Blick, nämlich den Blick auf die Namensliste der zitierten Autoren. Sie allein sagt ihm schon, was er von einem Text halten muß – und ob es lohnt, ihn seinerseits in seinen Zitierfundus aufzunehmen, letztlich ja das entscheidende Kriterium für den Wert eines wissenschaftlichen Beitrags.

In diesem Sinne können wir es als Zeichen der Reife unseres Wissenschaftsbetriebs ansehen, daß das Zitat als Fundament wissenschaftlichen Arbeitens auch in dieser Zeit der Abkehr von überkommenen Werten seine Bedeutung erhalten,

---

6 Dr. Georg Denkerle hat diesen Aspekt in seiner profunden Arbeit „Zitatbetriebliche Strategien und die Autonomie der Forschung", München 1974, ausführlich behandelt. Vgl. insbes. S. 837-979.
7 Deutend, a.a.O., S. 339.

ja – wie wir aus Untersuchungen wissen – sogar gesteigert hat.[8]

Prof. Raymund Plauderer gebührt das Verdienst, als erster aufgewiesen zu haben, welche enormen Rückwirkungen die Zitierwirtschaft auf den Wissenschaftsbetrieb selbst hat.[9] Wohl eine der wichtigsten Auswirkungen des Zitierbetriebs, so wissen wir aus den gründlichen Untersuchungen von Prof. Plauderer, ist jene auf die Motivation der Wissenschaftler selbst. „Wissenschaftler lesen, um zu zitieren, und Wissenschaftler schreiben, um zitiert zu werden."[10] Dieser Zusammenhang, so meint Prof. Plauderer, stelle einen mächtigen Motor dar für den Strom wissenschaftlicher Veröffentlichungen, dem wir uns Jahr für Jahr gegenübersehen, sozusagen den nervus rerum[11] des Wissenschaftsbetriebs.[12]

Welche Eigendynamik der Zitierbetrieb entwickeln kann, illustriert Prof. Plauderer am Zirkelzitat. Prof. A. zitiert Prof. B. als Beleg für die Richtigkeit seiner These. Prof. B. seinerseits beruft sich auf Prof. A. als Bestätigung seiner Aussagen.[13] Nicht nur ein Beispiel akademischer Kollegialität, auch eine außerordentliche transformatorische Leistung: subjektive Äußerungen gewinnen die Qualität objektiver Befunde, Wissenschaftsbetrieb in Perfektion!

---

8 Vgl. hierzu Ableiter, G.: Zitat, Wissenschaft und Krise, Bielefeld 1981.

9 Plauderer, R.: Das Zitat in der Wissenschaft, Mannheim 1975.

10 Plauderer, a.a.O., S. 181.

11 Der in Platos „Republik" 3 und in Plutarchs „Cleomenes" K.37 vorkommende Ausdruck „nervus rerum" für Geld wäre nach Diogenes Laertius auf den Philosophen Bion zurückzuführen. Der attische Redner Aeschines wirft in seiner Rede gegen Ktesiphon dem Demosthenes eine Anzahl neugebildeter Wörter und Redensarten vor, worunter auch die eben erwähnte ist (Attische Reden von Bekker, 1823, I, S. 438). Vgl. Büchmann, G.: Geflügelte Worte, Zehnte, verbesserte und vermehrte Auflage, Berlin 1877, S. 167.

12 Plauderer, a.a.O., S. 799ff.

13 Plauderer, a.a.O., S. 227ff.

Im selben Wirkungszusammenhang ist das gebräuchliche Eigen- oder Selbstzitat zu sehen, wobei hier zusätzlich dem Leser die wissenschaftliche Bedeutung des Autors demonstriert wird.[14]

Am reinsten findet sich die Autonomie, ja die Autarkie des Zitierbetriebs im Phantomzitat: Einem Autor wird eine Aussage zugeschrieben, die er zwar nicht gemacht hat, aber gemacht haben könnte oder auch sollte. Zweifelsohne spricht für das Phantomzitat einiges. Zunächst einmal spart es ganz einfach Zeit, wichtiger, essentieller aber: Der jeweilige Autor wird auf den Nenner gebracht, quasi zu sich selbst geführt.[15]

Rein theoretisch erfüllt das Phantomzitat den Sinn des Zitats am vollkommensten, da es ja maßgeschneidert werden kann, dem jeweiligen Zweck entsprechend. Trotzdem möchte ich hier Vorbehalte gegenüber einem unkontrollierten Gebrauch des Phantomzitats geltend machen. In unqualifizierten, unakademischen Händen lädt es zum Mißbrauch ein. Ich denke etwa an jene Habilitationsschrift – ersparen Sie es mir, den Autor zu nennen – an der Universität zu Gießen, die einem Phantomautor gewidmet war! Es bedurfte langjähriger, mühseliger Recherchen, bis das Falsifikat aufgedeckt wurde. Bis dahin allerdings war der Phantomautor bereits in eine Reihe wissenschaftlicher Arbeiten eingegangen und führt seither ein kaum noch zu kontrollierendes Eigenleben.

Erwähnenswert erscheint in diesem Zusammenhang auch ein scheinbares Randphänomen des Zitierbetriebs: die Danksagung.[16] Natürlich gilt es auch hier, daß sie, wie das Zitat, zuvörderst Mittel akademischer Selbstdarstellung sein muß – und damit dem Leser die Orientierung erleichtern und

---

14 Vgl. Ableiter, a.a.O., S. 733.
15 Vgl. Ableiter, a.a.O., S. 633.
16 Arm-Selig, L.: Die Danksagung als Mittel wissenschaftlicher Selbstdarstellung, in: Epiphaenomenologische Rundschau 3/1976, S. 38-61.

letztlich Verunsicherung ersparen soll. Als vorbildliches Beispiel wird Prof. Kastlhubers „Einige Anmerkungen zur Klassifizierung von Haushalten bei Befragungen in Gemeinden zwischen 10.000 und 20.000 Einwohnern im süddeutschen Raum" angeführt.[17] Neben dem Dank an seine Gattin, deren Verständnis und Geduld das Gelingen der nervenaufreibenden und zeitverschlingenden Abfassung des Werkes ermöglichte, neben dem Dank an seine zwei Sekretärinnen und die vier Schreibkräfte, die an der Übertragung des Manuskriptes beteiligt waren, gelingt es Prof. Kastlhuber, nicht weniger als 39 Namen von Kollegen anzuführen, deren Hilfe in das Werk eingegangen ist. Er vergißt sogar nicht den Namen des Diplomanden zu erwähnen, dessen Diplomarbeit er als Basis seiner Arbeit benutzte. Kein Zweifel, das eher schmale Bändchen mit der eher spezifischen Themenstellung gewinnt erst nach solcher Einführung für den Leser jenes Gewicht, das ihm nach Einschätzung des Autors zugewiesen werden sollte. Die richtig angelegte Danksagung fördert also nicht nur kollegiale Beziehungen, sie verleiht vor allem Autor und Werk Gewicht.

Während die Zitatologie bereits auf eine Reihe richtungsweisender Arbeiten zurückgreifen kann, die ihren Anspruch auf einen gebührenden Part im Konzert der Disziplinen des Wissenschaftsbetriebs untermauern,[18] liegt uns seit kurzem

---

17 Kastlhuber, Th.: Einige Anmerkungen zur Klassifizierung von Haushalten bei Befragungen in Gemeinden zwischen 10.000 und 20.000 Einwohnern im süddeutschen Raum, München 1984.

18 Vgl. etwa Banauser, Karl Valentin: Zitat und Volk, Leipzig 1938. Formalinski, E.: Einführung in die Zitierbetriebswirtschaftslehre, Köln 1977. Spannagel, R: Nunc est citandum, Berlin-Schmargendorf 1977, Selbstverlag. Schenk, H.O.: Grundprobleme der Rezensiologie, in: Heft 2/1979 des Jahrbuchs der Absatz- und Verbrauchsforschung (S. 177-184). Rieß, P.: Vorstudien zu einer Theorie der Fußnote, New York 1983. Atteslander, P: Zur Notwendigkeit einer wissenschaftlichen Fußnotenlehre, in: Mitt. H.V. 1984, Heft 2, S. 112. Fisch, S./Strohschneider, P.: Die Basis des

auch eine erste wissenschaftliche Auswertung einer sehr umfassenden und detaillierten empirizistischen Erhebung vor.

Prof. Dr. Markus Toll-Modisch vom Pseudologischen Forschungsinstitut (PFI), Tiefenbrunn, hat in einer Stichprobe bei den an der Universität Hannover zwischen 1966 und 1971 eingereichten Diplomarbeiten den Zusammenhang zwischen Zitathäufigkeit und Prüfungserfolg untersucht.[19] Seine Auswertungen zeigen eine klare Korrelation zwischen Zitathäufigkeit pro Seite und Prüfungsnote. Endlich verfügen wir über einen empirisch untermauerten Nachweis nicht nur der Objektivität unseres Prüfungswesens an unseren Hochschulen, sondern auch der praktischen Signifikanz des Zitierwesens.[20]

Können angesichts der vitalen Bedeutung des Zitierbetriebs für den akademischen Wissenschaftsbetrieb kaum Zweifel über dessen Regelbedürftigkeit bestehen, so fehlte jedoch bislang eine adäquate Behandlung in der Praxis. Versuche zur Ordnung gab es viele – allerdings handelte es sich bislang um unkoordinierte und vereinzelte Ansätze.

So hat die Herausbildung von Zitierkartellen den Wissenschaftsbetrieb zwar übersichtlicher gemacht, klarer strukturiert

---

wissenschaftlichen Diskurses – Anmerkungen zu Peter Rieß' Vorstudien zu einer Theorie der Fußnote, in: Germanisch-Romanische Monatsschrift, Band 37, 1987. Auch aus dem Ausland liegt uns inzwischen ein umfangreiches Schrifttum zur Zitatologie vor. Vgl. vor allem: Trite, R.K.: How to Prove the Obvious, New York 1979; Humbug, Mortimer und Pompous, Jeremy: The Quotationmark, Oxford 1977; Obscurantesi, Enzo, Dillettantini, Massimo: La Citatione nel Risorgimento, Parma 1973; de la Platitude, Mazo: La citation universelle, Lyon 1980. Zitatenkow, Semjon: Neue Lage zur Planerfüllung – Das Großzitat als Hilfsmittel, Kiew 1965, deutsche Ausgabe Berlin (Ost) 1984.

19 Toll-Modisch, M.: Zitierverhalten und Prüfungserfolg an niedersächsischen Hochschulen, Tiefenbrunn 1981.

20 Welche faktische Bedeutung dem Zitat zukommen kann, hat Prof. Leonhart Gierich aufgezeigt, der Arbeiten seiner Gattin so oft in seinen Werken zitierte, bis ihr ein Lehrauftrag an einer Fachhochschule erteilt wurde. Vgl. hierzu Gierich, L.: Autor und Karriere, Düsseldorf 1977, S. 17.

und bis hinein in die Besetzung der Lehrstühle segensreich gewirkt, konnte aber natürlich noch nicht eine übergreifende Ordnung und Systematisierung des Zitierbetriebs ersetzen.[21]

Die an manchen Universitäten geübte Praxis, Mindestvorgaben der pro Seite zu zitierenden Autoren bei wissenschaftlichen Arbeiten vorzuschreiben, scheint uns in die richtige Richtung zu weisen. Übertrieben erscheint allerdings doch das Beispiel von Dr. Gerlinde Engstlich, die alle Passagen, die nicht durch Verweise oder Zitate belegt waren, mit Tipp-Ex übermalte, um dann den Resttext zu begutachten. Hier scheint uns doch ein etwas bedenklicher Weg, den wissenschaftlichen Nachwuchs vor zuviel Originalität zu bewahren, vorzuliegen – um so mehr, als es sich dabei ja wohl nicht um eines der dringlichen Probleme des Wissenschaftsbetriebs handeln dürfte.[22]

Vernünftig dagegen erscheint uns die Regelung mancher Lehrstühle, die eine gewisse Mindestzahl von Zitaten des jeweiligen Doktorvaters vorgeben, denn dies fördert ja die wissenschaftliche Kontinuität und auch die Ausprägung von Schulen (scheitert in der Praxis allerdings bisweilen an dem Mangel an zitierfähigen Werken der Betreuer).[23]

Richtungsweisend schließlich ist die Zitierpraxis einiger Forschungsinstitute, wie etwa die Regelung des Instituts für Pseudowissenschaftliche Forschung e.V. (IPS), Fürstenfeldbruck, nur Arbeiten aus dem eigenen Institut zu zitieren.[24] Im Institut für Soziosophie (IFS), Bad Bockenheim, hat man

---

21 Vgl. hierzu Ableiter, G.: Zitierkartelle und Theoriebildung, Bielefeld 1981.
22 Vgl. Engstlich, Gerlinde: Ansätze zur Systematisierung des Zitierbetriebs, München 1978.
23 Bosniggler, T.: Die ordnende Hand, Berlin 1980. Kiebig, H.: Die Regelung des Zitierbetriebs an der Gesamthochschule Siegen, in: Pseudologica 14/1979, S. 47-65.
24 Denkerle, G.: Zitat, Strategie als Institut, in: Pseudologica 14/1982, S. 44-88.

sich geeinigt, nur aus den Werken eines einzigen Autors zu zitieren, was der Übersichtlichkeit des Forschungsbetriebs in dieser Institution sehr zugute kommen soll.

Sind somit allenthalben Versuche zur Regelung des Zitierbetriebs zu erkennen, so fehlte bislang doch ein übergreifender institutioneller Rahmen sowie eine Systematisierung und Kategorisierung des vorliegenden Zitatgutes. Dieser Aufgabe wie auch überhaupt einer konsequenteren Vertretung des zitatologischen Ansatzes im Wissenschaftsbetrieb wollen wir uns am Institut für Zitierbetriebswirtschaft (IBZ) an der Universität Bielefeld widmen.

Dies erscheint um so nötiger als, wie wir alle wissen, eine Anwendung des Gedankenguts der Zitatologie nicht immer selbstverständlich ist. Ich denke hier etwa an Vorbehalte gegen den weiteren Ausbau des Zitierbetriebs. Er trage nur dazu bei, das Rad ständig neu zu erfinden. Solche Kritik verkennt die eigentliche Dialektik des Wissenschaftsbetriebes[25] ebenso wie die Aufgabe des Zitats. So, wie im Wissenschaftsbetrieb das Offenkundige immer wieder neu entdeckt und offen-kundig gemacht wird, so ist das Zitat ja nicht sklavische Übernahme von bereits Gedachtem, sondern vielmehr wissenschaftliche Selbstdarstellung; nicht Rezeption, sondern An-eignung kennzeichnet wissenschaftlichen Zitatgebrauch!

Schwerer wiegen hier die Überlegungen des Absurdologen Otto Wunderlich. Seit bedauerlicherweise die Legasthenie zum Problem auch der Wissenschaft geworden sei, so argumentiert Wunderlich, verliere das Zitat seine Eignung als zentrales Medium wissenschaftlicher Aussagen.[26] Er schlägt eine optische Umsetzung wissenschaftlicher Aussagen nach dem Mu-

---

25 Siehe Halb-Unschuld, in diesem Band S. 55.
26 Ableiter, G.: Die akademische Legasthenie als Problem des Wissenschaftsbetriebs, München 1976.

ster von Cartoons vor.[27] Wie so häufig bei Beiträgen der Absurdologie wird hier eine richtige Einsicht doch zu einer übersteigerten – ich möchte fast sagen unziemlichen – Konsequenz getrieben.[28] Ich glaube nicht, daß wir auf die Sprache als Medium wissenschaftlicher Kommunikation ganz verzichten können!

Ohne Zweifel konstituiert die Leseschwäche vieler Wissenschaftler eine Erschwerung des Zitierbetriebs in unseren akademischen Institutionen, um so mehr, als diese – wie wir aus neueren Untersuchungen wissen – mit höherem Status und steigendem Alter eher zuzunehmen scheint.[29] Von einer eigentlichen Gefährdung möchte ich jedoch nicht sprechen, zumal uns Arbeiten vorliegen, die nachweisen, daß ein zureichender Zitierbetrieb auch bei erheblicher Leseschwäche aufrechterhalten werden kann.[30] Prof. Helge Kiebig sieht dies durch die Verfügbarkeit wissenschaftlicher Hilfskräfte gewährleistet.[31] Prof. Benjamin Primus dagegen verweist auf die im Laufe längerer Hochschultätigkeit sich herausbildende osmotische Fähigkeit zumindest der bedeutenderen Wissenschaftler.[32]

---

27 Wunderlich, O.: Karl Marx, Donald Duck und die Misere der Wissenschaft, München 1981, S. 91.

28 Allerdings ist nicht zu verkennen, daß der Vorschlag Wunderlichs überraschende Berührungspunkte mit dem pseudologischen Ansatz hat, der im Institut für Folienkunde (IFK) an der Universität zu Köln entwickelt wurde. Ausgehend von dem Befund, daß in den letzten Jahren mündliche Präsentationen zunehmend um das Medium der Folie entwickelt wurden, geht man dort weiter und postuliert, daß Inhalt und Aussage von Präsentationen von deren Folienfähigkeit bestimmt sein sollten. Nur was folienfähig sei, habe Aussicht auf Rezeption. Vgl. Dement, C.: Der wissenschaftliche Vortrag als Folie, Köln 1979.

29 Ableiter, G.: Vergleichende Analyse des Leseverhaltens von Professoren, München 1973.

30 Vgl. Ableiter, a.a.O., S. 992ff.

31 Kiebig, H.: Bestimmungsgrößen des Stellenkegels an westdeutschen Hochschulen, Siegen 1976.

32 Primus, B.: Akademische Legasthenie und Persönlichkeitsprofil, München 1978.

Beiden Erklärungsansätzen kann eine gewisse Plausibilität nicht abgesprochen werden. Angesichts der prognostizierten weiteren Zunahme akademischer Legasthenie[33] scheint aber doch eine grundsätzlichere Auseinandersetzung mit diesem Problem angebracht. Mit der Einrichtung eines „Akademischen Zitierdienstes" (AZI), dessen Auf- und Ausbau sich unser Institut als erste Aufgabe gestellt hat, hoffen wir, nicht nur zur Wirtschaftlichkeit und Wissenschaftlichkeit des Wissenschaftsbetriebs beizutragen, sondern auch das Problem akademischer Legasthenie sozusagen an der Wurzel zu lösen.[34] Das Prinzip dieses Zitierdienstes ist ebenso einfach wie überzeugend: Alle zitierfähigen Aussagen wissenschaftlicher Publikationen werden in einem Zentral-Computer gespeichert (VAX 2000) und nach Autor sowie Sachbezug kategorisiert. Der akademische Nutzer kann über Datensichtgerät oder durch schriftliche Anfrage nach Angabe der jeweils zu belegenden Aussage Zitate bzw. Verweise abrufen. Vorgesehen ist eine Klassifizierung der Zitate und Verweisstellen nach der Zugehörigkeit des Autors zu einem der bestehenden Zitierkartelle. Damit soll nicht nur der Gefahr vorgebeugt werden, daß falsche Autoren zitiert werden, wir erhoffen uns davon auch eine deutlichere Strukturierung unseres Wissenschaftsbetriebs.

Es bedarf wohl keiner Erläuterung, welch grundlegende, ja revolutionäre Weiterentwicklung des Wissenschaftsbetriebs

---

33 Wirrlein, M.: Legasthenieprognose 1981, Frankfurt a.M. 1981.

34 Dieser Zitierdienst darf nicht verwechselt werden mit dem Zitierindex, d.h. der statistischen Aufbereitung aller in wissenschaftlichen Publikationen getätigten Verweise, wie er in den Vereinigten Staaten schon seit mehreren Jahren Verwendung findet und dort den Wissenschaftsbetrieb tiefgreifend verändert hat. Den Vorteilen – u.a. eine beeindruckende Steigerung wissenschaftlicher Publikationstätigkeit, objektivierte Kriterien bei Berufungsverfahren – stehen doch bedenkliche Begleiterscheinungen – etwa die erhebliche Zunahme von Eigen- und Gefälligkeitszitaten – gegenüber. Eine sorgfältige Überprüfung der Übertragbarkeit auf den deutschen Zitierbetrieb erscheint also angebracht.

durch einen solchen Zitierdienst erreicht werden kann – ein bedeutsamer Schritt weiter zur reinen, geschlossenen – fast möchte man sagen zur selbstbefriedigten Wissenschaft. Die Probleme der Plethora wissenschaftlicher Publikationen, der akademischen Legasthenie, der Unübersichtlichkeit der Schulenbildung – der Computer wird sie für uns lösen.

Lassen Sie mich mit einem Zitat von Horaz schließen: „Quod habitum vivund, tot idem studiorum milia." Wir haben dies zum Leitspruch unseres Instituts gemacht.

Frau Prof. Wirrlein, meine Herren, ich danke Ihnen für Ihre Aufmerksamkeit.

Barták

Sprache als Identität

Laudatio auf Prof. Dr. Jost Überall anläßlich der Verleihung des ersten Äh-Preises des Kuratoriums „Das akademische Wort"

Bramarbas Posauner[35]

Herr Ministerpräsident, Herr Oberbürgermeister, Eure Magnifizenz, Eure Spektabilität, liebe Kollegen und Kolleginnen, verehrter Herr Kollege Überall![36]

---

35 Prof. Dr. Bramarbas Posauner ist Direktor des Instituts für Höchste Studien (IHS), Wien, Inhaber des Lehrstuhls für Pseudologie an der Universität Wien und Präsident der Sektion Österreich/Liechtenstein der Gesellschaft für Pseudologie und Vorstandsmitglied des Kuratoriums „Das akademische Wort".

36 Prof. Dr. Jost Überall ist u.a. Inhaber des Lehrstuhls für Wissenschaftsbetriebslehre an der Universität zu Köln, Geschäftsführender Direktor des Instituts für Wissenschaftsbetriebslehre (IfW), Köln, besonderes Mitglied des Präsidiums des Redekreises der Deutschen Wirtschaft (RKW) und Mitglied des Vorstandes der Deutschen Gesellschaft für Pseudologie (DGP), Mitglied des Inneren Beratungskreises des Bundesministeriums für die Förderung des Projektgewerbes (BMFP), Stellvertreter Vor-

Dies ist ein bedeutsamer Augenblick. In Prof. Dr. Überall ehren wir einen Kollegen, der in unermüdlichem, nicht zu zähmendem Einsatz die Sache der Wissenschaft vertreten hat. Er kannte keine Bedenken, sich dabei zu überfordern. Wie der Landarzt, der zu jeder Tages- und Nachtzeit, gleich ob Werktag oder Feiertag, dem Ruf seiner ihm überantworteten Patienten folgt, um ihnen zu helfen, ist auch er jedem Ruf, der an ihn erging, gefolgt. Ich habe nachgezählt, er möge es mir verzeihen: 96mal trat er in dem letzten halben Jahr auf, nicht gerechnet seine Lehrveranstaltungen vor Studenten und Kollegen – ein Pensum, das jedem Schauspieler zur Ehre gereichen würde. In ihm ehren wir wahrlich einen Mann des Wortes. Wie wenigen ist es ihm gegeben, die Sache der Wissenschaft mit seiner Person gleichzusetzen. Um ein Wortspiel zu wagen: Wenn heute Wissenschaft überall dabei ist, so verdanken wir dies nicht zuletzt Männern wie Professor Überall.

Bedeutsam ist der heutige Tag aber auch aus einem anderen Grunde: Es ist das erste Mal, daß der Äh-Preis des Kuratoriums „Das akademische Wort" verliehen wird. Dies markiert einen historischen Einschnitt. Es wurde ein Zeichen gesetzt, das in seiner Bedeutung weit über die Ehrung eines verdienten Kollegen hinausreicht. Hier geht es um mehr, hier geht es um das Prinzip der Darstellung der Wissenschaft in der Gesellschaft – und damit letztlich um das Verhältnis von Wissenschaft und Gesellschaft. Mit der Schaffung des Äh-Preises bekannte sich das Kuratorium „Das akademische Wort" zu dem Anspruch, daß der Wissenschaft eine herausgehobene

---

sitzender des Kuratoriums der Stiftung zur Erforschung des Lebens; Gründungsmitglied der „Interessengemeinschaft der Freunde aktiven Marketings" (INFAM); Träger des Goldenen Mikrophons des Zweckverbandes Deutscher Referenten (ZDR): Inhaber zahlreicher weiterer Ehrenpositionen in internationalen und nationalen Organisationen; 136 Eröffnungsreferate auf internationalen und nationalen Großkongressen: 337 Publikationen (Stand: 1.11.92).

Stellung in der Gesellschaft zukommt und sie deshalb auch einer besonderen Form der Selbstdarstellung bedarf.

In einer Zeit der Nivellierung, in der das Spezifikum wissenschaftlicher Aussagen zunehmend verkannt wird, in der undeutlich zu werden droht, worin der besondere Beitrag wissenschaftlicher Aussagen liegt – nachdem der Gebrauch von Fachausdrücken und Fremdworten auch in andere Bereichen unserer Gesellschaft Eingang gefunden hat, ich denke hier etwa an den politischen oder auch den kirchlichen Sektor –, erhebt sich die Frage: Woran erkennt man die Wissenschaftlichkeit einer Aussage?

Wir können es auf eine Formel bringen: Es ist der souveräne Gebrauch des „Ähs".

Erst im Äh kommt der deutsche Wissenschaftler wirklich zu sich, so meinte einmal Prof. Dr. Hektor Ohnende. Er verglich das Äh mit dem Atemholen des Langläufers. Wie der Athlet mit jedem Atemzug seine Kraft regeneriere, so beziehe der Redefluß des Wissenschaftlers aus dem Äh jene immer wieder überwältigende und überraschende Dynamik, die auch dann noch fortwirkt, wenn man schon glaubt, sie müsse sich erschöpft haben und alles sei bereits gesagt.[37]

Frau Prof. Dr. Margarete Wirrlein leitet den Gebrauch des wissenschaftlichen Ähs vom feudalen Äh der preußischen Junker ab. In ihrer verdienstvollen Analyse hat sie nachgewiesen, daß – wie durch das feudale Äh – auch durch das wissenschaftlichen Äh Distanz hergestellt werde,[38] und um Distanz geht es ja letztlich bei der wissenschaftlichen Aussage. Nicht ohne Grund wurde von Prof. Dr. Hubert Schwafel das Streben nach der reinen, der geordneten Aussage, die Berührungsscheu also, als eigentliches Grundprinzip banalwissen-

---

37 H. Ohnende: Zur Sprachdynamik akademischen Redeflusses, in: Logorhoea 3/1985, S. 2-51.
38 M. Wirrlein: Das Äh als Ausdruck feudalen Lebensgefühls, Tübingen 1986.

schaftlichen wie deutologischen Tuns erkannt.[39] Er stellt in seinem Werk einen sehr interessanten deutologischen Querbezug zum Konzept der Unreinheit im Hinduismus her, zu der Tabuisierung, der der direkten Berührung dort zugewiesen wird wie ihrer Verankerung im Kastensystem.

Überzogen scheint mir dagegen die These von Dr. Hubert Feungeist, der das wissenschaftliche Äh aus dem Kennungslaut prähistorischer Horden ableitet, es dabei allerdings weniger als Erkennungszeichen oder Abgrenzungsmittel begreift, sondern es vielmehr als Mittel zur Herstellung einer gemeinsamen Gemütslage verstanden wissen will.[40] Ich bin mir sehr wohl bewußt, welche Fruchtbarkeit die Ansätze der Verhaltensforschung auch bei der Analyse wissenschaftsimmanenter Fragestellungen haben können, jedoch scheint mir hier bei der Herstellung von Analogien besondere Sensibilität am Platze zu sein.

Vielversprechender erscheint da ein systemanalytischer Ansatz, wie er von Prof. Dr. Thomas Kastlhuber[41] propagiert wird. Er fordert eine Erweiterung der vielfach zu engen Betrachtung wissenschaftlicher Ausdrucksweise, vor allem eine Berücksichtigung der Rückkoppelungseffekte des Ähs auf die wissenschaftliche Denkweise. Er begreift das Äh als Interpunktion wissenschaftlicher Rhetorik, durch die etwas gegliedert werde, was sonst ohne Struktur bliebe.

Genau daran allerdings wurde auch Kritik geäußert: Das Äh als Symptom eines Mangels an diszipliniertem Denken, der Gedankenflucht, und was an derlei Unsinn noch geäußert wurde. Ich möchte mich mit solch unqualifizierten Angriffen nicht auseinandersetzen, die sich schon durch den Mangel

---

39 H. Schwafel: Berührungsscheu und Wissenschaftlichkeit – ein deutologischer Versuch, Neuwied 1981.

40 H. Feungeist: Akademische Eloquenz und wissenschaftliche Identität, in: Denken und Deuten 8/1981, S. 27-68.

41 Th. Kastlhuber: Grundlegung der Aehthymologie, Köln 1983.

an Verständnis für die Eigenart wissenschaftlicher Darstellungsweise selbst disqualifizieren. Ich verzichte deshalb hier ausnahmsweise auch auf Literaturhinweise.

Ergiebiger erscheint mir da schon die Auseinandersetzung mit der These, die die Verbreitung des Ähs im akademischen Redefluß mit der Durchsetzung der assoziativen Methodik im Lehrbetrieb der Hochschulen in Verbindung bringt. Die Diffusion dieser Lehrmethodik wird in der phonetischen Dimension mit der Diffusion des Ähs in der wissenschaftlichen Eloquenz in Verbindung gebracht.[42]

Ich möchte hier eine grundsätzliche Stellungnahme einfügen, die nicht nur meine persönliche Position deutlich machen, sondern auch allgemein für die notwendige Klarheit sorgen soll: Das Äh, mag es auch auf das unwissenschaftliche Ohr enervierend und die Konzentration erschwerend wirken, dem Akademiker ist es Signal der Gedanklichkeit der Ausdrucksweise seiner akademischen Kollegen. Kritik am Gebrauch des Ähs sagt also primär etwas über die mangelnde Qualifikation des Kritikers aus.

Angesichts der grundsätzlichen Bedeutung, die dem Äh nicht nur für die wissenschaftliche Rhetorik, sondern für wissenschaftliches Selbstverständnis und wissenschaftliche Identität zugemessen werden muß, wog das Fehlen pseudologischer Erhebungen zu diesem Thema schwer. Um so mehr freue ich mich, Ihnen heute die Ergebnisse einer Erhebung vorstellen zu können, die gründlicher und grundlegender als je zuvor dem Gebrauch des Ähs in der wissenschaftlichen Rhetorik nachgegangen ist.[43]

Bemerkenswert scheint schon die Methodik, die die Forscherinnen Dipl. Psych. Ulrike Eigenbrodt und Dipl. Soz. Vreni

42 R. Plauderer: Die assoziative Lehrmethode als Grundprinzip der Hochschuldidaktik, Mannheim 1978.
43 U. Eigenbrodt, V. Quer: Der Gebrauch des Äh in der akademischen Rhetorik, Weilheim 1982.

Quer verwandten.[44] Sie übernahmen aus dem Telefondienst das Konzept des Zeittaktes und übertrugen es auf die Analyse akademischer Rhetorik. Schwierigkeiten ergaben sich dann allerdings – wie ja so häufig bei der Durchführung banalwissenschaftlicher Untersuchungen – bei der Gewichtung der Zähleinheiten. Es stand für die Forscherinnen von vornherein fest, daß Äh nicht gleich Äh gezählt werden konnte. So entschlossen sie sich zu einer Gewichtung nach dem Sappho-Verfahren, und wir sind mit ihnen der Ansicht, daß sie damit allen Ansprüchen auf Wissenschaftlichkeit gerecht geworden sind. So gewichten sie das einfache Äh mit einer Zähleinheit, Ähäh mit zwei Zähleinheiten, und Ähmähmähäh mit vier Zähleinheiten.[45]

Methodische Schwierigkeiten gab es auch bei der Abgrenzung der Stichprobe zu überwinden. Zunächst bot sich die Gleichsetzung von Wissenschaftlern mit Professoren und – trotz gewisser formaler Vorbehalte – deren Assistenten an. Unberücksichtigt blieben bei dieser Definition allerdings die Akademischen Räte. Die Überlegung, daß es sich bei ihnen ja um verhinderte Professoren handele und insofern rein subjektiv das Kriterium der Wissenschaftlichkeit der Ausdrucksweise als erfüllt unterstellt werden könne, ließ dann unter Hintanstellung formaler Bedenken deren Einbeziehung in die Stichprobe angemessen erscheinen.[46]

Ich kann hier natürlich nicht die ganze Fülle der Ergebnisse der Arbeit von Eigenbrodt und Quer wiedergeben. Ich präsentiere Ihnen statt dessen eine Tabelle mit den wichtigsten Ergebnissen, die ja weitgehend für sich selbst sprechen dürfte[47] (vgl. Tabelle).

---

44 Vgl. Eigenbrodt/Quer, a.a.O., S. 8-299.
45 Eigenbrodt/Quer, a.a.O., S. 377.
46 Eigenbrodt/Quer, a.a.O., S. 798.

Gruppenspezifische Äh-Werte

	Äh/Minute	
	ungewichtet	gewichtet
Professoren (C4)	11,3	13,7
Professoren (C3)	8,9	10,1
Akademische Räte	12,1	12,1
Assistenten	7,8	9,3
Wissenschaftler insgesamt	**9,1**	**14,3**
Studenten (männlich)	4,6	5,2
Studenten (weiblich)	2,8	2,9
Soziologiestudenten (1. Sem.)	2.9	8,0
Soziologiestudenten (8. Sem.)	9,4	13,7
Studenten insgesamt	**4,2**	**4,6**
Volksschüler	0,2	0,3
Facharbeiter (männlich)	0,3	0,6
Landtagsabgeordnete (CDU)	4,6	5,0
Landtagsabgeordnete (SPD)	7,2	8,7
Pfarrer (katholisch)	0,1	0,1
Pfarrer (protestantisch)	1,5	2,8
Vergleichsgruppen insgesamt	**3,0**	**3,6**

Mit der Arbeit von Eigenbrodt und Quer ist sicherlich eine neue Phase in der Auseinandersetzung um das wissenschaftliche Äh eröffnet. Trotzdem möchte ich es nicht unterlassen, noch auf eine große Lücke hinzuweisen, die nach wie vor besteht: die unbefriedigende Berücksichtigung des Ähs beim geschriebenen Wort. Noch immer wird hier ja auf die Darstellung des Ähs verzichtet und damit die Identifikation wissenschaftlicher Texte unnötig erschwert. Wir mögen uns zwar trösten, daß die Rezeption des geschriebenen Wortes weitgehend an Bedeutung verloren hat, da wissenschaftliche Texte kaum noch gelesen werden. Andererseits ließe sich ja auch die These vertreten, daß eine Anreicherung dieser Texte durch das Äh unter Umständen deren Attraktivität erhöhen könnte.

Nun abschließend zu den Verdiensten unseres Festpreisträgers, unseres Prof. Dr. Überall. Sein Gebrauch des Ähs muß in quantitativer wie in qualitativer Hinsicht als vorbildlich bezeichnet werden. Keinem ist es so wie ihm gelungen, das Äh zum eigentlichen Kernstück seiner wissenschaftlichen Aussagen zu machen. Dafür spricht nicht nur sein phänomenaler Äh-Wert von 27,8, sondern vor allem auch die Vielfalt seines Ähs: Äh, äh-äh, eäh, ähn, äh-m, ememäh – um nur einige zu nennen. Wahrlich ein Virtuose des Ähs!

Vorbild ist er vor allem auch für die akademische Jugend. Die Tatsache, daß der Gebrauch des Ähs bei unseren Studenten, bei unserem wissenschaftlichen Nachwuchs in den letzten Jahren zur Selbstverständlichkeit geworden ist, darf nicht zuletzt als sein Verdienst betrachtet werden.

Ich darf die souveräne Beherrschung des Ähs von Prof. Dr. Überall als Stilmittel wissenschaftlicher Aussagen – oder sollte man vielleicht besser sagen Darstellung – an einer kurzen Textpassage aus einem Beitrag zu einem Symposium am Institut für Höchste Studien, Wien, illustrieren, dessen Transkription ich selbst vorgenommen habe.

„... sollten das einfach – äh – laufen lassen. Äh. Der praxiologische und syntaktische Wert dieses – äh, äh – Ansatzes ist – äh – groß, äh, ememäh – sehr groß, äh. Wir sollten das nicht – äh, äh, äh – vergessen äh. Rein empirisch bzw. metatheoretisch und banalogisch – äh – spricht, äh, vieles für – ähäh – eine extensive Praktizierung – emäh – dieser Methode, wennäh auch, äh, ich nicht –

ememähmäh – ich vergessen, oder besser imaginieren kann, äh, daß das, äh doch rein formallogisch, ähäh ...".

Ich darf Ihnen mitteilen, daß bei diesem Text der phänomenale Äh-Wert von 31,5 (ungewichtet) bzw. 42,3 (gewichtet) erreicht wurde. Was an diesem Text besticht, ist nicht nur die Häufigkeit und die virtuose Vielfalt in der Applizierung des Ähs, es beeindruckt vor allem, wie souverän Prof. Überall hier einige der schwierigsten Techniken des Äh-Gebrauchs beherrscht. Etwa die antilogische Stratetaktik, bei der bei schwierigen Fremdworten auf den Einsatz des Ähs verzichtet wird, während scheinbar einfache Phrasen – wie etwa „gut" oder „sehr gut" gezielt durch ein oder mehrere Ähs bzw. Ememäh vorbereitet und herausgehoben werden. Interessant auch seine Beherrschung des versteckten Ähs: Wennäh, deräh, dieäh etc.

Lassen Sie mich die einmalige Virtuosität des Äh-Gebrauchs von Prof. Dr. Überall abschließend noch durch eine Gegenüberstellung mit einer Passage verdeutlichen, die ich einem Vortrag eines Kollegen – Sie werden verstehen, daß ich hier einmal auf die Nennung des Namens verzichten möchte – entnommen habe:

„Häufig wird emem in der Eliteforschung die Befürchtung emem geäußert, die Ausfallsrate emem nehme mit der Höhe der Position emem der Zielperson emem zu, dies werde emem jedoch bei Ausschöpfungsberechnungen emem, die nur nach Sektoren emem differenzieren, nicht deutlich. Um die emem Richtigkeit dieser These zu überprüfen, emem, wurden für die wichtigsten emem Sektoren emem Ausschöpfungsberechnungen getrennt emem nach emem Spitzenpositionen emem und den übrigen Positionen berechnet. In den emem Sektoren Sport und Kultur war eine Trennung zwischen emem Ebenen nicht emem möglich, da diese emem eine eindeutige emem hierarchische emem Struktur aufweisen."

Diese Gegenüberstellung bedarf wohl keines Kommentars. Meine Damen, meine Herren, ich hoffe, es ist mir gelungen eines deutlich zu machen: Wissenschaft braucht das Äh, und wir brauchen eine Wissenschaft des Ähs. Wir müssen lernen, das Äh zu begreifen, seinen Wert wie auch seine Voraussetzungen. Wir müssen uns zum Äh als einem zentralen Kennzeichen unserer wissenschaftlichen Identität bekennen. Ich danke Ihnen.

$$D_i = \frac{D}{N} + \frac{1}{2} \log_2 \frac{\sigma_i^2}{\left[\prod_{i=1}^{u} \sigma_i^2\right]^{1/N}} \quad \text{für } 1 \leq i \leq N$$

mit
$$\nabla^2 f(x,y) = \nabla\left(\nabla f(x,y)\right) = \frac{\partial^2 f(x,y)}{\partial x^2} + \frac{\partial^2 f(x,y)}{\partial y^2}$$

und
$$\frac{\partial H_1 \partial H_2}{\partial R_x(a_1,a_2)} = \frac{1}{(2\pi)^2} \int\limits_{w_1=-\pi}^{\pi} \int\limits_{w_2=-\pi}^{\pi} \frac{1}{P(w_1,w_2)} \frac{\partial P(w_1,w_2)}{\partial R_x(w_1,w_2)} dw_1 dw_2$$

$$\Rightarrow \quad 2+2 = 4 \quad q.e.d.$$

W.B.   O.WEISS

V. Das Interview

Das Selbstverständliche verständlich machen

Gespräch mit Prof. Dr. h.c. mult., Dr. rer.pol.
Erich Zaster[1]
Zum 25. Gründungstag des „Instituts für organisierte
Anwendung (IFOA)"

Felix Sonderling

Fünfundzwanzig Jahre sind es nun her, seit Prof. Dr. h.c.
mult. Dr. rer.pol. Erich Zaster[2] in Düsseldorf sein „Institut
für organisierte Anwendung" gründete. Zu diesem Anlaß lud

---

1 Das Gespräch mit Prof. Dr. h.c. mult, Dr. rer.pol. Erich Zaster führte
Dr. Felix Sonderling, Schriftleiter der „Absurdica"-Mitteilungen der Deut-
schen Gesellschaft für Absurdologie.
2 Prof. Dr. h.c. mult. Dr. rer.pol. Erich Zaster ist Präsident der Deutschen
Gesellschaft für Banalogie, Vizepräsident der Internationalen Vereinigung
für Banalogie, Direktor des Instituts für organisierte Anwendung (IFOA),
Vorsitzender des Kuratoriums des Redekreises der deutschen Wirtschaft
(RKW), Herausgeber der Zeitschrift „Personalbetrieb" und Inhaber des
Lehrstuhls für Banalogie an der Universität Düsseldorf.

Prof. Zaster zu eine Feier in den neuen Institutsräumen im zwanzigsten Stock eines Düsseldorfer Hochhauses ein. Zahlreiche Persönlichkeiten aus Politik, Hochschule, Industrie und dem öffentlichen Leben waren seinem Ruf gefolgt. Trotzdem gelang es unserem Mitarbeiter, Prof. Zaster für ein Gespräch zu gewinnen, dessen Wortlaut wir hier wiedergeben.

Frage: Herr Professor Zaster, vor fünfundzwanzig Jahren wurde das banalogische „Institut für organisierte Anwendung" hier in Düsseldorf von Ihnen gegründet. Wenngleich es zuvor schon immer in gewissem Sinne Banalogie gegeben hat, so darf dieser Tag doch eigentlich als die Geburtsstunde der Banalogie als einer eigener Disziplin gelten.

Prof. Zaster: Wir lieben es nicht, das Wort „Disziplin" auf die Banalogie angewandt zu wissen. Disziplin mag für andere Wissenschaften gelten, nicht für die Banalogie. Wir können die Einschränkungen, die durch den Begriff „Disziplin" gesetzt werden, nicht anerkennen.

Frage: Darf ich Sie hier gleich bitten, uns etwas über Ihre Vorstellungen von der Banalogie zu erzählen?

Prof. Zaster: Banalogie ist die Wissenschaft von der Praxis für die Praxis mit der Praxis. Sie ist die Kunst, das Selbstverständliche verständlich zu machen. Sie sehen, es geht bei unserer Methode nicht um die Auseinandersetzung mit Problemen, sondern um eine bestimmte Weise, die Dinge an- und auszusprechen.

Frage: Aber es gibt doch Probleme?

Prof. Zaster: Gottseidank, wir leben ja von Problemen. Wir haben erkannt, daß es kein Problem gibt, über das zu reden es nicht lohnte. Wir stellen das echte Problem an den Anfang unseres Wirkens, wir reden darüber, und es löst sich auf.

Frage: Wird da nicht leicht etwas unter den Tisch gekehrt?

Prof. Zaster: Was geschieht denn, wenn wir etwas unter den Tisch kehren? Um im Bilde zu bleiben: Wir schaffen reinen Tisch! Und dies ist ja schließlich etwas sehr Verdienstvolles.

Frage: Verdienstvoll – damit geben Sie mir das Stichwort: Banalogie ist ja nicht zuletzt kommerziell recht erfolgreich.

Prof. Zaster: In der Tat! Wenn heute für Banalogie mehr Geld ausgegeben wird als für die alten Wissenschaften, so beweist dies wohl, daß wir da den rechten Riecher gehabt haben. Wir stellen Wissenschaft in den Dienst der Praxis, und die läßt sich das was kosten.

Frage: Es wird der Banalogie bisweilen vorgeworfen, sie würde zu sehr vereinfachen.

Prof. Zaster: Wir bekennen uns zu diesem Vorwurf. Ja, wir vereinfachen! Verstehen Sie: „Ver-ein-fachen", als Gegenprogramm zu Ver-viel-fachen. Das ist ein Kernstück unserer Arbeit. Das ist einfach notwendig, wenn man sich zu allem äußern will. Prof. Watson J. Think, einer der Vorkämpfer der Banalogie in den Staaten, hat einmal erklärt: „Es gibt nichts, was man nicht in drei Sätzen gültig ausdrücken kann". Prof. Think hat ja mit seiner Methode, alle Erkenntnisse der Menschheit auf drei Sätze zu reduzieren, unfaßbaren Erfolg gehabt. Sein Buch „The Three-Sentence-Guide to Human Knowledge" ist die Bibel der amerika-

nischen Banalogen – und in der deutschen Übersetzung „Alles in drei Sätzen" in kürzester Frist
ein Bestseller geworden. Immer wieder höre ich
von bedeutenden Persönlichkeiten: „Endlich habe
ich das Gefühl, von allem etwas zu verstehen".
Genau das ist unser Ziel. Wir sind der Auffassung: „Jeder kann von allem was verstehen, und
alles ist selbst-verständlich".

Frage: Herr Professor, können Sie uns etwas über die
banalogische Arbeitsweise sagen?

Prof. Zaster: Unser wichtigstes Medium ist das Wort. Wir lieben das Wort – wie lieben es, wie es Werbefach-
leute lieben; dies mag auch einer der Gründe
sein, warum uns von allen Wissenschaftlern diese
am nächsten stehen. Wir lieben vor allem das
Wort in der Rede, im Gespräch, in der Ausspra-
che. So ist auch der Mittelpunkt der banalogischen Arbeitskreise das Gespräch.

Frage: Herr Professor, gerade diese Arbeitskreise sind
ja das eigentliche Herzstück banalogischen Wirkens. Können Sie uns vielleicht einige Worte über
Ihr „Haus der banalogischen Begegnung" sagen,
dessen zwischenmenschliche Atmosphäre inzwischen ja schon fast sprichwörtlich geworden ist?

Prof. Zaster: Das „Haus der banalogischen Begegnung", das
ich zusammen mit meinem Freund, Prof. Dr.
Gierich, Ordinarius für Betriebsamkeitslehre an
der Universität Düsseldorf, vor fünfundzwanzig
Jahren gründete, war von Beginn an der Schritt-
macher, der Bannerträger des unvergleichlichen
Siegeszuges der Banalogie. Wenn wir heute mit
gutem Gewissen sagen können, daß gegenwärtig
in der Industrie, im öffentlichen Leben und vor

allem an den Universitäten von mehr Leuten mehr über mehr geredet wird als je zuvor in der ganzen Menschheitsgeschichte, so ist dies auch dem Vorbild zu danken, das durch die Gespräche im „Haus der banalogischen Begegnung" geschaffen wurde.

Frage: Wer kann an diesen Gesprächen teilnehmen?

Prof. Zaster: Jeder Mensch, der eine Persönlichkeit ist.

Frage: Wer ist eine Persönlichkeit?

Prof. Zaster: Grundsätzlich jeder, der etwas zu sagen hat, also jede hochgestellte oder prominente Persönlichkeit, dann auch Leute, die mit diesen verkehren. Natürlich kann es auch unter den kleinen Leuten Persönlichkeiten gehen.

Frage: Herr Professor, seit wann gibt es eigentlich Banalogie?

Prof. Zaster: Banalogie gab es im Grunde schon immer. Ich bin der Auffassung: Der Mensch ist ein banalogisches Wesen. Er war es immer und wird es immer bleiben. Aber die Banalogie als Wissenschaft ist ein Kind des zwanzigsten Jahrhunderts, genauer noch, unserer Zeit. Von Banalogie im eigentlichen Sinne wollen wir erst sprechen, seitdem es uns gelungen ist, den banalogischen Bemühungen der Menschen den institutionellen und damit den kommerziellen Rahmen zu schaffen, durch die Einrichtung von banalogischen Lehrstühlen an den Universitäten, durch die Gründung des Redekreises der Deutschen Wirtschaft (RKW), mit dem wir übrigens eng kooperieren, und eben durch unser Institut.

Frage: Sie sagten vorhin „alte Wissenschaften"?

Prof. Zaster: Ja, Sie berühren hier ein echtes Problem. Was uns vorschwebt, ist ein Übergang aller Wissenschaften in die Banalogie. Erst dann wird jeder – ich meine jede Persönlichkeit – wirklich das Gefühl haben, über alles Bescheid zu wissen. Obwohl der Banalogie der Einbruch in die Universitäten auf breiter Front gelungen ist, so haben wir doch unser Ziel der vollen Überführung der restlichen Wissenschaften in die Banalogie noch nicht ganz erreicht. Wenn wir jedoch die gegenwärtige Entwicklung noch einige Jahre so weiterführen können, werden wir erfolgreich sein. Ich bin da guten Mutes.

Reporter: Ich danke Ihnen, Herr Professor Zaster. Ich glaube, die Tatsache, daß so zahlreiche Persönlichkeiten aus Wissenschaft, Industrie und öffentlichem Leben heute Ihrem Ruf gefolgt sind, beweist, daß Sie auf dem richtigen Wege sind und berechtigt in der Tat zu den schönsten Hoffnungen.

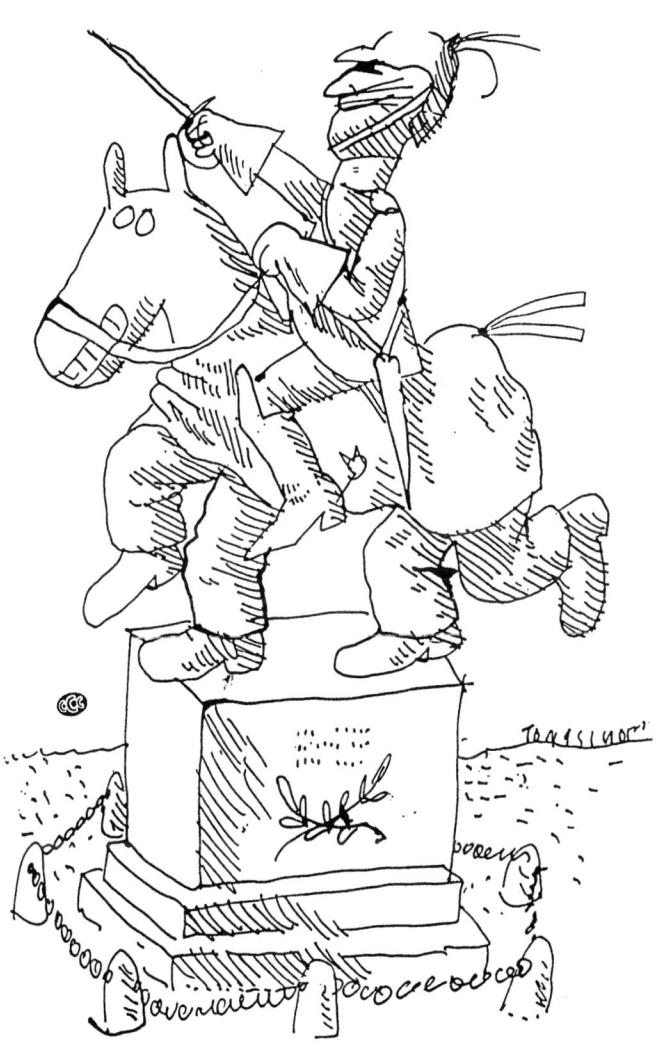

VI. Wissenschaftsdialog

Im Feld

Ein Mehrebenengespräch[1]

Gottlieb Staunerl[2]

Mein Anruf beim Institut für Pseudologie.

Weibl. Stimme:　Hier Institut für Pseudologie
Ich:　　　　　　Bitte kann ich den Herbert sprechen?
Weibl. Stimme:　Der Herbert ist im Feld.

---

1 Die hier wiedergegebene Unterhaltung kann als klassisches Beispiel eines Mehrebenengesprächs betrachtet werden. Vgl. Salbaderer in diesem Band, S. 39.
2 Dr. Gottlieb Staunerl ist Assistent am Historischen Seminar der Philipps-Universität Marburg (Spezialgebiet: Die Endphase des zweiten peloponesischen Krieges und die Belagerung von Syrakus). Sein Bericht wurde uns freundlicherweise von Dr. Herbert Klein-Caro, Wiss. Mitarbeiter am Institut für Pseudologie e.V., Adelepsen, zur Verfügung gestellt.

Schrecksekunde. Der Herbert im Felde? Erste Assoziation: Verdun, Langemarck, Ypern, Woronesch, Karabiner 98, Feldpostbrief, Feldlazarett. Dann weniger emotionell: Sarajewo, Dubrovnik, ... aber die Bundeswehr ist doch noch gar nicht freigegeben.[3]

Ich:	Wie lange wird er denn im Feld sein?
Weibl. Stimme:	Nächste Woche ist er zurück.
Ich:	Richten Sie ihm aus, er soll mich anrufen.

Erleichterung. Dann kann es ja nur ein begrenzter Einsatz sein. Aber wo? Ernteeinsatz? Rübenkampagne, Kartoffelernte? Aber es ist November. Mysteriös. Eine Woche später Anruf von Herbert.

Herbert:	Du hast im Institut angerufen. Was ist?
Ich:	Das frage ich Dich! Wo in Gottes Namen warst Du denn?
Herbert:	Im Feld.
Ich:	Verdun? Langemarck? Woronesch?
Herbert:	Wie bitte?
Ich:	Karabiner 98?[4]
Herbert:	Wie bitte??
Ich:	Feldlazarett?
Herbert:	Sag mal, tickst Du noch richtig?
Ich:	Wo um Himmels willen warst Du denn?
Herbert:	Ich sagte Dir doch schon, im Feld.
Ich:	Rübenkampagne?
Herbert:	Irgendwie finde ich das nicht komisch.
Ich:	Wo war denn Dein „Feld"?

---

3 Das Gespräch fand im November 1992 statt.
4 Standardwaffe des deutschen Heeres im 1. Weltkrieg.

Herbert:	Watenstedt-Salzgitter.
Ich:	Watenstedt-Salzgitter?
Herbert:	Stahlwerke Peine-Salzgitter, früher Reichswerke Hermann Göring.
Ich:	Hermann Göring?
Herbert:	Eine der historischen Stätten der deutschen Pseudologie. Da haben wir schon manche Schlacht geschlagen.
Ich:	Verdun? Langemarck? Woronesch?
Herbert:	Sag mal, was ist eigentlich mit Dir los?
Ich:	Wen habt Ihr denn bei Hermann Göring geschlagen?
Herbert:	Wir haben Arbeiter interviewt. Aus allen drei Schichten.[5]
Ich:	Schichtspezifisch? Und das sind Eure Gegner?
Herbert:	Wieso Gegner?
Ich:	Du gehst ins Feld und schlägst Schlachten ...
Herbert:	Na ja, das sagt man halt so.
Ich:	Wieso?
Herbert:	Gute Frage. Da hab ich noch nicht drüber nachgedacht.
Ich:	Tu's mal und sag mir dann Bescheid.

Was dann auch vierzehn Tage später geschah. Herbert meinte, ich hätte recht, das mit „Feld" sei blöd, wegen seiner martialischen Konnotation. Er habe im Institut vorgeschlagen, stattdessen „in die Fremde gehen" zu sagen, weil man bei der empirischen Arbeit ja wirklich in Neuland gerate.[6]

---

5 Die Stahlwerke Peine-Salzgitter fahren in vollem Drei-Schicht-Betrieb. (G. St.)

6 Der Vorschlag wurde in der Institutsversammlung diskutiert, aber wegen möglicher Mißverständnisse abgelehnt (Fremdgehen!). Die grundsätzliche Notwendigkeit einer Neuformulierung wurde aber bejaht und eine Arbeitsgruppe gebildet.

Cartoon: Hasan Fazcic/ccc

Autokommunikation und Be-Sozialisierung

Prolegomina zur Jugenddeutologie

Frieda Ehrfurcht-Danck[7]

Auf dem Empfang anläßlich der Eröffnung des 15. Kongresses der Deutschen Gesellschaft für Deutologie am Großen Faß im Keller des Heidelberger Schlosses hatte ich Gelegenheit, ein Gespräch mit Prof. Dr. Christian F. Jenseits zu führen. Unmittelbar nach dem Gespräch fertigte ich ein Gedächtnisprotokoll an, das ich hier – mit dem Einverständnis der Beteiligten – wiedergebe.

---

7 Dr. Frieda Ehrfurcht-Danck ist Wissenschaftliche Rätin am Deutologischen Seminar der Universität Tübingen. Den vorliegenden Beitrag haben wir aus dem von ihr herausgegeben Sammelband „Blühender Sinn – Gespräche mit Zeitzeugen der Wissenschaft" (Konstanz 1993) übernommen.

Frau Päpstlein:	Wie geht es Ihnen?
Frau Stargast:	Danke. Ich bin heute ohne meinen Mann hier. Er ist heute früh nach Kalifornien geflogen.
Frau Päpstlein:	Ach, wie interessant ....
Frau Stargast:	Sie wissen ja, er hält da alle vierzehn Tage seine Vorlesung.[8]
Frau Päpstlein:	Ja, richtig, Sie haben es mir letztes Mal bei den Wabers erzählt.
Frau Stargast:	Wie geht es Ihrer Tochter?
Frau Päpstlein:	Sie wollte gestern zum ersten Mal in eine Diskothek gehen, aber ...
Frau Stargast:	Ach, wie reizend. Mein Sohn ...
Prof. Jenseits:	Diskothek?
Dr. F.A.D.:	Das sind Lokalitäten, die von vielen Jugendlichen besucht werden, um dort Musik zu hören.
Prof. Jenseits:	Das ist ja höchst interessant. Gerade vor einigen Tagen habe ich zu meinen Assistenten gesagt, daß in der Sozialisation der Jugend das Musische von unschätzbarem Wert sei.
Dr. F.A.D.:	Einer unserer Studenten berichtete mir letztens, daß er sein Studium als Diskjockey finanziere.
Prof. Jenseits:	Diskjockey?
Frau Stargast:	Mein Mann ...
Dr. F.A.D.:	Tja, wie könnte man das erklären. Ein Master of Ceremonies sozusagen.
Prof. Jenseits:	Master of Ceremonies?
Dr. F.A.D.:	Jemand, der durch das Musikprogramm führt.
Prof. Jenseits:	Aha, ein musikalischer Cicerone also?

---

8 Frau Stargast bezieht sich hier auf den Lehrauftrag Prof. Dr. Stargasts am „Center for the Study of Mankind" an der Berkeley University, California.

Dr. F.A.D.:	So könnte man ihn auch bezeichnen. Die Musik dort soll allerdings so laut sein, daß eine Unterhaltung kaum möglich ist. Man soll sein eigenes Wort nicht verstehen.
Prof. Jenseits:	Nun ja, meine Theorie ist da ja, daß die Autokommunikation die eigentliche Ebene der Verständigung der Jugend in der postkommunikativen Gesellschaft ist. Gerade gestern sagte ich zu meinem Assistenten, früher war die Autokommunikation – das Selbstgespräch also – das Privileg der Alten, heute ist sie das Vorrecht der Jugend.
Dr. F.A.D.:	Die autokommunikative Generation? Wäre das eine korrekte Deutung?
Frau Stargast:	Mein Mann ...
Prof. Jenseits:	Durchaus, durchaus. Genau so wird auch der Titel meines neuen Buches lauten.[9]
Dr. F.A.D.:	Ein Titel voller Assoziationen: Automation, Autonomie, Autokratie, Autismus, Automobil ... Haben Sie da nicht Sorge, sie könnten mißinterpretiert werden?
Frau Stargast:	Mein Mann ...
Prof. Jenseits:	Keineswegs, durchaus nicht. Das Mehr-Deutige bedeutet ja immer auch ein deutliches Mehr. Und letztlich, so hat mein Freund Elias Canetti so klug formuliert, muß ja immer des Meist-Deutige unser Ziel sein. Nun stellt sich da die faszinierende Frage: Was bedeutet die Autokommunikation für die Sozialisation der Jugend. Führt das zu einer Auto-Sozialisierung ...
Frau Päpstlein:	Aber das Musische ...

---

9 C.F. Jenseits: Die autokommunikative Generation, Veröffentlichung in Vorbereitung, Münster 1993.

Prof. Jenseits:	... oder vielleicht zu einer Be-Sozialisierung, in der das Individuum nur noch passiv rezipiert?
Dr. F.A.D.:	Wer A sagt muß auch B sagen, ha,ha,ha ...
Frau Stargast:	Mein Mann ...
Prof. Jenseits:	Ich habe diesen Gedanken schon 1961 in einer kleinen Schrift entwickelt, ich glaube sie erschien in der Festschrift für unseren Kollegen Dunst.[10]
Dr. F.A.D.:	Ich erinnere mich. Ich habe Sie mit höchstem Vergnügen gelesen.
Frau Stargast:	Mein Sohn ...
Prof. Jenseits:	In meinem neuen Buch werde ich diesen Gedanken sehr viel eingehender behandeln können. Manche Dinge brauchen eben ihre Zeit.
Frau Stargast:	Mein Sohn berichtete mir, manche dieser Diskotheken seien so beliebt, daß man nur schwer Zutritt bekomme.
Frau Päpstlein:	Meine Tochter ...
Prof. Jenseits:	Das ist ja ermutigend zu hören, daß in der heutigen Jugend ein so reges Interesse an der Musik wach ist. In meiner Studienzeit standen wir auch stundenlang für ein Konzert von Furtwängler oder Bruno Walther an. Aber welcher Genuß wurde uns dann geboten, welcher Genuß. Die Erste, die Fünfte, und dann die Neunte, die Neunte ...

---

10 Hier irrt Prof. Jenseits. Es handelt sich um das Referat, das er zur Eröffnung des 9. Kongresses der Deutschen Deutologischen Gesellschaft in Bad Vilbel 1962 gehalten hat: Mit uns selbst reden – der Autodialog in der postkommunikativen Gesellschaft, in: C.F. Jenseits, U. Dunst, K.O. Waber (Hg.): Individuum oder Zwischenmensch – Identität in der postkommunikativen Gesellschaft, Bamberg 1962.

Dr. F.A.D.:	Einer unserer Studenten hat mir berichtet – er ist als Bouncer tätig ...
Prof. Jenseits:	Bouncer?
Dr. F.A.D.:	Als Doorkeeper.
Prof. Jenseits:	Doorkeeper?
Dr. F.A.D.:	Das ist ein Portier, ein Zerberus sozusagen, der den Zutritt regelt.
Prof. Jenseits:	Eine lobenswerte Einrichtung. Ich habe da ja die These, daß unsere Gesellschaft im Begriffe ist, die traditionellen Selektionsmechanismen neu zu definieren. Nehmen wir nur den Numerus Clausus ...
Dr. F.A.D.:	Da sollte man mal untersuchen ...
Prof. Jenseits:	Mein Kollege Dunst hat da mit seiner Theorie von der meritokratischen Gesellschaft zweifelsohne etwas sehr Bedeutendes angesprochen.[11] Meine These ist allerdings, daß wir es gar nicht mit einer Meritokratie zu tun haben, sondern mit einer Oligokratie.
Dr. F.A.D.:	Die oligokratische Gesellschaft?
Prof. Jenseits:	In der Tat. Nehmen wir doch nur ...

(Hier wurde Prof. Jenseits zu einem Interview mit dem Saarländischen Rundfunk gebeten.)

Frau Päpstlein:	Aber meine Tochter ging gar nicht in eine Diskothek. Sie fand es doch besser, ins Kino[12] zu gehen.

---

11 U. Dunst: Die meritokratische Gesellschaft, Heidelberg 1967.
12 „Vom Winde verweht".

VII. Lexikalisches Stichwort

Wissenschaftsbetriebslehre (WBL)

Die noch junge Fachdisziplin der Wissenschaftsbetriebslehre ist der Analyse und der Beschreibung des Wesens und der Eigenart des Wissenschaftsbetriebs gewidmet wie auch dem Bestreben, zu dessen weiterer Ausdehnung und Perfektionierung beizutragen. Sie ist wesentlich aus der Erkenntnis entstanden, daß der Wissenschaftsbetrieb eigenen Gesetzlichkeiten folgt, die in anderen Gesellschaftsbereichen kaum gültig, möglich oder verständlich erscheinen, und daß deshalb sein Studium einer eigenständigen institutionell verankerten Fachdisziplin bedürfe.

Die institutionelle Geburtsstunde der WBL kann mit dem 1.4.1953 datiert werden, jenem Tag, an dem das „Institut für Wissenschaftsbetriebslehre" (IfW) an der Universität zu Köln gegründet wurde. Es folgte die Einrichtung von Lehrstühlen an der Ludwig-Maximilians-Universität, München (1957), der Georg-August-Universität, Göttingen (1959), der Philipps-Universität, Marburg (1961), der Johann-Wolfgang-von-Goethe-Universität, Frankfurt, und der Justus-Liebig-Universität, Gießen (1964), denen dann in rascher Folge zahlreiche weitere Universitäten folgten.

Ihre endgültige Etablierung im Konzert der akademischen Disziplinen erfuhr die Wissenschaftsbetriebslehre mit jenem

Festakt anläßlich der Einweihung des „Wissenschaftsbetriebszentrums" (WBZ) Hameln am 1.4.1981. Die Bundesminister zur Förderung der Projektwirtschaft, für Landwirtschaft und Forstung, für Jugend und Verkehr waren anwesend wie auch zahlreiche Persönlichkeiten aus dem öffentlichen und privaten Leben des In- und Auslands. Die Festreden hielten Min.-Dir. a.D. von dem Kalck, Prof. Deutend, Prof. Überall und Prof. Umtrieb.

Am 1.4.1982 erfolgte die Gründung der Deutschen Gesellschaft für Wissenschaftsbetriebslehre (DGW), Vorstand: Prof. M. Umtrieb (Vorsitzender), Prof. Dr. J. Überall (stellv. Vorsitzender), Prof. Dr. E. Zaster, Prof. Dr. B. Primus, Prof. Dr. H. Liebervater, Min.-Dir. a.D. A. von dem Kalck (Schatzmeister), Prof. Dr. M. Wirrlein (Schriftführerin).

Wesentliche Impulse erfuhr die WBL durch die bereits in den zwanziger Jahren vor allem an der Universität zu Köln formulierte Beziehungslehre, die dann am Institut für Wissenschaftsbetriebslehre (IfW) an der Universität zu Köln zur Guten-Beziehungslehre weiterentwickelt wurde.

Einflußreich für die Entwicklung der WBL waren unter anderem auch der Symbolische Aktivismus, wie er vor allem an den Großforschungseinrichtungen perfektioniert wurde, die Tautologie und die Epiphänomenologie. Die Ansätze der WBL wirkten ihrerseits befruchtend besonders auf die Zitatologie, Kongreßbetriebslehre, Folienkunde, Logorhoea, Phrasologie, Pleonastik, Kommitologie, Projektgewerbelehre, Epigonie wie auch allgemein auf den Wissenschaftsbetrieb an den Universitäten und anderen Stätten akademischer Forschung und Lehre.

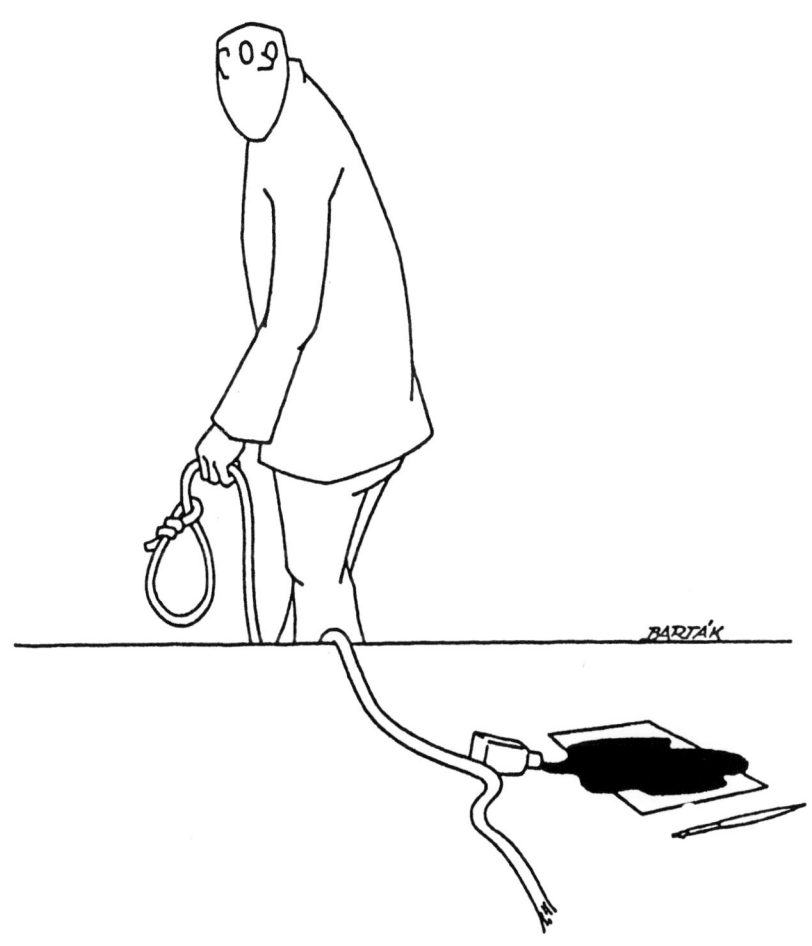

Verzeichnis der Abkürzungen

AZI – Akademischer Zitierdienst

BBB – Bundesakademie für Behördenbetrieb, Bad Godesberg

BMBW – Bundesministerium für die Bildung der Wissenschaft

BMFP – Bundesministerium zur Förderung des Projektbetriebs

DGA – Deutsche Gesellschaft für Absurdologie

DGB – Deutsche Gesellschaft für Banalogie

DGE – Deutsche Gesellschaft für Epiphänomenologie

DGP – Deutsche Gesellschaft für Pseudologie

DGW – Deutsche Gesellschaft für Wissenschaftsbetriebslehre

DDG – Deutsche deutologische Gesellschaft

GAP – Gesellschaft für angewandte Prognostik

IAP – Institut für Auftragsprognostik, Nürnberg

IDR – Interessenverband deutscher Referenten

IfA – Institut für Arbeitssomatik, Giessen

IFAS – Institut für angepaßte Sozialforschung, Bonn

IFB – Institut für Banalogie, Adelepsen

IFK – Institut für Folienkunde, Köln

IFOA – Institut für organisierte Anwendung, Düsseldorf

IfP – Institut für Pseudologie e.V., Adelepsen

IfS – Institut für Soziosophie, Bad Bockenheim a.M.

IfT	–	Institut für Tiefenkunde, Mespelbrunn
IfW	–	Institut für Wissenschaftsbetriebslehre, Köln
IHS	–	Institut für Höchste Studien, Wien
IKB	–	Institut für Kongreßbetriebswirtschaft e.V., Kiel
INFAM	–	Interessengemeinschaft der Freunde aktiven Marketings
IPS	–	Institut für pseudowissenschaftliche Forschung, Fürstenfeldbruck
IZB	–	Institut für Zitierbetriebswirtschaft, Bielefeld
KAW	–	Kuratorium 'Das akademische Wort'
PAFA	–	Potemkin Akademie für Absurdologie, Attenhausen
PFI	–	Pseudologisches Forschungsinstitut, Tiefenbrunn
RKW	–	Redekreis der Deutschen Wirtschaft
SIP	–	Seni Institut für Prognostik, Basel
WBL	–	Wissenschaftsbetriebslehre
WBZ	–	Wissenschaftsbetriebszentrum, Hameln
ZBR	–	Zentrales Begriffsregister, Hameln
ZIH	–	Zentralinstitut für den Hochschulbetrieb, München
ZIW	–	Zentrum für interaktiven Wissenschaftsbetrieb, Bielefeld

Vorankündigung

Theoriebildung im Wissenschaftsbetrieb

Ulrich Dunst und Robert K. Middlerange (Hrsg.)

Band 2 der Schriftenreihe der
Potemkin-Akademie für Absurdologie

Aus dem Inhalt:

Die Dialektik der „Teachability" – Zum Gebrauchswert von Theorien (Lothar Nebensacher)
Der Autor setzt sich mit der Frage der differentiellen Diffusion von Theorien auseinander. Er sieht diese wesentlich durch den Gebrauchswert, den sie für die Praxis und vor allem für den Lehrbetrieb haben, gegeben. Dieser wiederum werde wesentlich dadurch bestimmt, wie gut er sich im Lehr- und Prüfungsbetrieb verwerten lasse. Aus den Anforderungen dieser „Teachability" werden Rückwirkungen auf die Theoriebildung abgeleitet (Multiple-Choice!).

BMW-These und Milupa-Theorem – Zur Rolle des Sponsoring in der Theoriebildung (Ortwin Metatürk)
In dem Beitrag werden die Möglichkeiten und Grenzen des Sponsoring durch potente Partner aus der Industrie in der deutologischen und pseudologischen Theoriebildung exploriert. Vorteile werden nicht allein auf wirtschaftlicher Ebene, sondern vor allem im stärkeren Praxisbezug der Theoriebildung gesehen.

Tagungsbericht vom 1. Bleich-Symposium (Davos 1.-4. April 1993)
„N.N. Bleichs Emanationstheorem und seine Auswirkungen auf die Deutologie"

Der Wissenschaftsdialog:
„Synthese als Lösung – Zum Verhältnis von Theorie und Empirie"
Über das ewig junge Thema des Verhältnisses von Theorie und Empirie unterhalten sich der Deutologe Prof. Dr. Christian F. Jenseits und der Pseudologe Dr. Egon Unseglich. Die Lösung, so die Formel, auf der die beiden Wissenschaftler sich einigen, liegt in der Synthese.

Das Interview:
„Das Individuum zwischen Intersubjektivität und Intrasubjektivität" – Ein Gespräch mit Prof. Dr. Karl-Otto Waber
„Wir sind alle Zwischenmenschen", so konstatiert Prof. Waber: Zwischen den Generationen, zwischen Gesellschaft und Gemeinschaft, zwischen Pflicht und Lust, zwischen Freud und Leid, zwischen den Stühlen ... Zugleich sind wir „In-dividuen" und damit letztlich unteilbar. In diesem Spannungsverhältnis sieht Prof. Waber das existentielle Dilemma des neuen Menschen gegeben.

Weitere Beiträge von C.F. Jenseits, J. Überall, M. Hurtig, B. Bierernst, F. Toll-Modisch u.a.

Aus dem Programm Sozialwissenschaften

Wolfgang Böcher

Natur, Wissenschaft und Ganzheit

Über die Welterfahrung des Menschen

1992. 352 S. Kart.
ISBN 3-531-12054-9

Ausgangspunkt ist einmal die Erkenntnis der Begrenztheit traditioneller und wissenschaftlicher Ansätze für das Verständnis menschlicher Wirklichkeit und zum anderen die Notwendigkeit für alle Bemühungen um Menschen, sich an der - auch biologischen - Wirklichkeit des Menschen zu orientieren. Auf dieser Grundlage wird ein großer Bogen gespannt zwischen der Welt der anorganischen Natur und der Welt des Bewußtseins und menschlicher Gesellschaften. Dabei werden auch die starre Abgrenzung zwischen Natur- und Geisteswissenschaften überwunden und Brücken zwischen unterschiedlichen Disziplinen geschlagen.

Dirk Käsler u. a.

Der politische Skandal

Zur symbolischen und dramaturgischen Qualität von Politik

1991. 328 S. Mit Zeichnungen von Ernst-Maria Lang. Kart.
ISBN 3-531-12286-X

Dieses Buch über politische Skandale will den Blick schärfen für die normativen und symbolischen Qualitäten von Politik. Mit Hilfe der Metapher von der „Politik als Theater" werden ausgewählte politische Skandale als Beispiele für die Tendenzen der immer perfekter inszenierten Dramatisierung und Personalisierung von Politik präsentiert. Die sieben Skandal-Stücke zeigen auf, wie auf unterschiedlich dekorierten Bühnen, an verschiedenen Orten und zu unterschiedlichen Zeiten, in diversen Rollen und Inszenierungen bis in unsere Tage Skandale ablaufen - nicht selten zur vergnügten Belustigung des allgemeinen Publikums.

Herbert Mainusch/
Richard Toellner (Hrsg.)

Einheit der Wissenschaft

Wider die Trennung von Natur und Geist, Kunst und Wissenschaft

1993. 261 S. Kart.
ISBN 3-531-12472-2

Ziel dieses Bandes ist es, zur Auflösung des dualen Wissenschaftssystems beizutragen. Die Autoren gehen der Frage nach, ob die gängige Annahme von der Existenz der „two cultures", der Trennung von Natur- und Geisteswissenschaften, nicht nur falsch, sondern auch gefährlich sein könnte. Sie untersuchen, ob nicht Wissenschaft ihrem Ursprung und ihrem Wesen gemäß nach wie vor eine Einheit ist. Worin diese Einheit der Wissenschaft heute noch besteht, worin sie ihren Grund hat und weshalb sie bewahrt und zur Geltung gebracht werden muß, sind Fragen, deren Klärung dringend geboten erscheint.

WESTDEUTSCHER
VERLAG
OPLADEN · WIESBADEN

Aus dem Programm Sozialwissenschaften

Peter Fuchs

Niklas Luhmann – beobachtet

Eine Einführung in die Systemtheorie

2. durchges. Aufl. 1993.
219 S. Kart.
ISBN 3-531-12352-1

Systemtheorie, insbesondere diejenige Spielart, die Niklas Luhmann entwickelt hat, ist sehr abstrakt, labyrinthisch verfaßt und so geartet, daß Leser/innen u. a. eine umfassende (leider nicht nur soziologische) Vorbildung haben müssen, um sie zu verstehen.

Dieses Buch stellt den Versuch dar, in diese ‚widerborstige' Theorie einzuführen, ohne ihr Niveau fahrlässig zu unterschreiten.

Niklas Luhmann

Beobachtungen der Moderne

1992. 220 S. Kart.
ISBN 3-531-12263-0

Die Proklamation der „Postmoderne" hatte mindestens ein Verdienst. Sie hat bekannt gemacht, daß die moderne Gesellschaft das Vertrauen in die Richtigkeit ihrer eigenen Selbstbeschreibungen verloren hat. Wir mögen gern konzedieren, daß es keine verbindliche Repräsentation der Gesellschaft in der Gesellschaft gibt. Aber das wäre dann nicht das Ende, sondern der Beginn einer Reflexion der Form von Selbstbeobachtungen und Selbstbeschreibungen eines Systems, die im System selbst vorgeschlagen und durchgesetzt werden müssen in einem Prozeß, der seinerseits wieder beobachtet und beschrieben wird.

Die hier publizierten Texte gehen von der Überzeugung aus, daß darüber etwas ausgesagt werden kann; ja, daß Theoriematerialien schon verfügbar sind, die nur auf dieses Thema der Beobachtungen der Moderne hingeführt werden müssen.

Niklas Luhmann

Ökologische Kommunikation

Kann die moderne Gesellschaft sich auf ökologische Gefährdungen einstellen?

3. Aufl. 1990. 275 S. Kart.
ISBN 3-531-11775-0

„(...) man kann die Lektüre dieses Buches nur jedem, der an ökologischen Problemen, an einem Verständnis der modernen Gesellschaft und an soziologischer Theorie Interesse hat, ans Herz legen. Selten kann man auf so relativ wenigen Seiten so viel über die Gesellschaft lernen, über Codes und Programme der großen Funktionssysteme, über die Chancen der sozialen Bewegungen, über die Schwierigkeiten einer Umweltethik oder über einen vielleicht doch noch möglichen Rationalitätsbegriff. Und fast nebenbei wird man in die neuesten Entwicklungen des Analyseinstrumentariums der Systemtheorie eingeführt. (...)"
Hessischer Rundfunk 7. 5. 1987

WESTDEUTSCHER
VERLAG
OPLADEN · WIESBADEN

MIX
Papier aus verantwortungsvollen Quellen
Paper from responsible sources
FSC® C105338

If you have any concerns about our products,
you can contact us on
ProductSafety@springernature.com

In case Publisher is established outside the EU,
the EU authorized representative is:
Springer Nature Customer Service Center GmbH
Europaplatz 3, 69115 Heidelberg, Germany

Printed by Libri Plureos GmbH
in Hamburg, Germany